아시아 8개국 선교정탐여행 리포트

하늘과 땅의
충돌

아시아 8개국 **선교정탐여행 리포트**

하늘과 땅의 충돌

2008년 3월 30일 | 제1판 1쇄 발행

지은이 | 조호중
펴낸이 | 안병창
펴낸데 | 요단출판사

주 소 | 158-053 서울특별시 양천구 목3동 605-4
편 집 | (02) 2643-9155
영 업 | (02) 2643-7290~1   Fax (02) 2643-1877
등 록 | 1973. 8. 23. 제13-10호

기 획 | 이종덕   편 집 | 하정희 김민정 장용미
디자인 | 한기획   제 작 | 박태훈 권아름
영 업 | 김창윤 정준용 김민승 이영은

정 가 10,000원
ISBN 978-89-350-1127-8 03230

요단인터넷서점 www.jordanbook.com

아시아 8개국 **선교정탐여행 리포트**

하늘과 땅의

충돌

조호중 지음

(워싱턴 지구촌교회 선교목사)

요단

Contents

모든 여행은 즐겁습니다.

인생이 여행이기 때문입니다.

그러나 선교여행보다 더 의미 있는 여행은 없습니다.

하늘의 역사를 땅에 남기는 여행이기 때문입니다.

뜻이 하늘에서 이루어진 것처럼

땅에 이루어짐을 보기 때문입니다.

모든 선교지마다 하늘의 역사를 지니고 있습니다.

그러나 한국인들에게 동남아는 특별한 의미를 지닙니다.

우리의 가장 가까운 이웃,

우리의 사마리아인이기 때문입니다.

이 사마리아를 우리는 각별한 애정으로 탐구할 필요가 있습니다.

이 특별한 과업을 위해 조호중 목사께서 수고를 하셨습니다.

이미 단기선교 가이드로 좋은 책을 출판한 경험이 있으신 조 목사님은 우리를 동남아와 인도 선교지로 초대하고 있습니다. 그의 탁견을 따라 동남아와 인도 정탐 여행을 떠난다면 우리는 선교 여행의 새로운 보화를 캐는 흥분을 경험할 것입니다. 동남아와 인도 선교의 도전을 앞둔 모든 성도들에게 이 책을 추천합니다.

하나님 나라의 새로운 이정표를 기대하면서…

함께 선교 여정의 순례자가 된, **이 동 원** (지구촌교회 담임목사)

목적이 분명한 여행은 떠날 때에 설렘과 다닐 때에 즐거움과 돌아올 때 행복이 있습니다. 돌아와서는 목적을 이룬 보람과 얻은 열매를 나눌 기회들이 기다리고 있기 때문에 더욱 그렇습니다. 사랑하는 동역자 조호중 목사님의 40일 선교정탐여행은 우리 모두의 마음에 이러한 넉넉한 기쁨을 안겨줍니다. 그가 다녀온 아시아 8개국에 관한 보고는 듣고 보는 이들에게 신선한 정보와 새로운 깨달음과 선교에 대한 열정을 심어줍니다.

싱가포르, 말레이시아, 태국, 라오스, 미얀마, 캄보디아, 인도네시아, 인도로 이어지는 조 목사님의 선교정탐 보고는 중동과 아시아와 전 세계로 연결되는 다양한 종교의 이동 경로를 이해하고, 테러의 맥을 짚

어보고, 하늘과 땅이 충돌하는 현장에서 주님의 복음과 사랑을 어떻게 효과적으로 전달할 것인가에 대한 전략적인 힌트와 구체적인 방향을 제시해 줍니다.

안식년을 마치고 교회로 돌아온 조 목사님과의 개인적인 자리에서 나눈 단편적인 이야기들조차도 무척이나 흥미롭고 은혜로웠습니다. 막 다녀와서 아직 김이 모락모락 나는 듯한 선교 현장의 정보와 자료들을 사진으로 보고, 또 들으면서 선교 현장으로 달려가고 싶은 충동을 느꼈습니다. 이것은 저뿐만 아니라 이 글을 읽는 모든 교회와 성도들 또한 마찬가지일 것이라 확신합니다.

간결한 문체로 써 내려간 현장의 스토리들, 영적인 통찰력을 얻게 하는 다각도의 분석, 목회자와 평신도 지도자들과 성도들에게 복음전파의 사명을 일깨워 주는 입체적인 도전이 본서의 압권이라 생각됩니다.

방대한 자료들을 정리하여 한 권의 책으로 엮어내신 조 목사님을 자랑스럽게 생각하며, 지역교회와 신학교와 선교기관의 훌륭한 교재가 될 것을 의심치 않습니다. 즐거운 마음으로 일독을 권합니다.

선교의 열정을 함께 나누는, **김 만 풍** (워싱턴 지구촌교회 담임목사)

　「단기선교 길라잡이」로 선교에 유익한 지침서를 저술한 조호중 목사님이 이번에는 「하늘과 땅의 충돌」이라는 책을 출판하게 되어 무척 기쁘게 생각합니다. 이것은 현장을 중시하는 저자가 직접 방문한 선교 현장 보고서입니다. 현장을 떠나서는 선교를 이야기할 수 없기 때문입니다.

　글을 읽으면서 때로 무릎을 치며, '아하' 하고 공감을 거듭했습니다. 방문하는 지역마다 선교적인 마인드로 현장을 보는 독특한 시각을 발견할 수 있었기 때문입니다.

　선교정탐에서 경험한 내용을 바탕으로 현재 속에서 과거를 살피고, 미래를 내다보는 속 깊은 선교정탐꾼의 이야기가 독자들의 시선을 끌 것입니다. 선교에 있어서 이론 못지않은 저자의 탁월한 현장경험은 모든 민족들을 향한 아직 미완성된 주님의 과제의 완성을 위해 달려갈 모든 분들에게 큰 도움과 격려가 될 것입니다. 세계를 가슴에 품고 주님의 지상명령을 수행하고자 복음에의 부담을 가진 모든 분들에게 일독을 권합니다.

신 기 황
(International Mission Board of Southern Baptist Convention 한인 선교동원 담당)

하늘의 크고 놀라운 비밀이,

복음이 닿지 않은 땅의 영혼들과 만나는 곳이

하늘과 땅이 충돌하는 현장입니다.

충돌 현장에는 설렘이 있고,

남다른 수고와 헌신이 있고,

희생을 통한 영적 열매를 경험할 수 있는 곳입니다.

크리스천으로서 주님이 개개인에게 허락해 주신 인생의 의미를 찾고 싶은 이가 있다면, 이 책을 통해 선교 현장을 직간접으로 경험해보길 권면 합니다.

제한된 인생을 통해 "너희는 가서 모든 족속으로 제자를 삼아"라는 주님의 지상명령에 순종하고, 영적 생동감을 느끼면서, 땅 끝에 흩어진 영혼들을 긍휼히 여기는 삶을 살기 원하는 분들에게 이 책은 탁월한 영적 통찰력을 제공해 줄 것입니다.

이 영 재 (GMC 선교팀장/치과의사)

여는글

워싱턴 지구촌교회에서 1998년부터 사역해 오다가 8년 만에 안식년을 가졌다. 안식년은 분주한 목회자의 삶을 잠시 멈추고 재충전을 위해 소신껏 쓸 수 있는 기회이다. 어떻게 그 기회를 사용할까? 안식년을 앞두고 꽤 심혈을 기울여 준비과정을 거쳤다. 기도 중에 하나님은 내게 이런 영적 아이디어를 주셨다. 세상을 가까이에서 경험해 보라는 것이었다. 구체적인 실천을 위해 나는 타문화 권 지역 방문을 통해 현장 사역자들과의 만남을 계획하게 되었다. 결국 동남아 지역의 여러 국가를 방문하기로 결정하고 준비에 들어갔다. 그곳을 특별히 선택한 이유는 개인적으로 관심이 있는 나라들이 많기도 하지만 짧은 기간에 여러 나라를 방문하기에 지리적 환경이 적절하기 때문이었다.

선교지는 영적전쟁터이다. 영적전쟁은 하늘과 땅이 충돌하는 것을 의미하기도 한다. 실제 사역 현장에서 서로 간의 충돌로 인해 일어나는 과정과 결과를 직접 듣고 확인해 보고 싶었다. 선교정탐을 마친 후 되돌아보니 참으로 의미 있는 시간이었다. 여행 중 하나님께서 긴급하게 현지 사역자들을 사용하고 계심도 목격할 수 있었다. 타문화 권에서 복음을 나누면서 동시에 생존을 위해 몸부림쳐야 했던 영적 전사들의 간증들은 한편의 감동적인 드라마와도 같았다.

같은 해 단기여행을 통해 인도를 돌아볼 기회도 가졌다. 인도는 인구대국, 자원대국 그리고 뛰어난 기술력으로 세계무대에 무한한 잠재력으로 등장한 나라다. 외형적으로 우세함이 있긴 하지만 내부적으로는 50%가 넘는 문맹률, 가난, 카스트 제도에 의한 사회규제, 종교간 대립 등의 어려움이 많은 나라다. 세계지도를 놓고 보면 인도가 차지하는 비중이 결코 적지 않다. 사회갈등이 많기는 하지만 세계무대에서 경쟁력을 가진 나라가 인도이다. 현재 인도에 기독교가 차지하는 비율은 비록 낮지만 현지 사역자들의 복음에 대한 열정으로 볼 때, 추수의 때 하나님의 영역이 조금씩 확장되어 갈 것이다.

여행에서 돌아온 후, 글을 쓰고 있을 때에 아프가니스탄에서 단기봉사 팀원들의 인질사건과 미얀마에서의 민주화운동을 간접적으로 보아야 했다. 미얀마는 직접 방문을 했던 나라이기에 민주화운동에 관한 뉴스가 나올 때 더욱 관심이 갔다. 아프가니스탄 인질사건도 마음에 큰 부담이 되었다. 그것은 2006년 아프가니스탄에서 열릴 예정이었던 평화

축제가 취소된 지 1년 만에 발생한 것이라 한국교계에 엄청난 충격을 가져왔다. 결국 인질사건이 해결은 되었지만 한국교회들의 선교사역에 큰 과제를 남겼다.

나는 이번 여행을 통해 얻은 소중한 경험과 정보들을 가능하면 현장감 있게 독자들과 함께 나누고 싶다. 여행에서 나는 한국에서 파송된 선교사들, 다른 나라에서 파송된 선교사들, 현지교회 목회자들, 한인교회 목회자들, 비정부기구에서 일하시는 분 등 다양한 사람들을 만났다. 하지만 이 책에서는 가능하면 그분들을 사역자 혹은 현지 사역자라는 용어로 부를 것이다. 선교지라는 현지상황과 현지 사역자들의 안전을 고려해야 하기 때문이다.

선교여행을 진행함에 있어서 현지 사역자들의 도움은 큰 힘이 되었다. 그들이 들려주는 선교 현장에 대한 진솔한 이야기를 통해 선교적인 관점에서 세상을 보는 눈을 갖게 되었다. 지면을 통해 다시 한 번 감사의 마음을 전한다. 또 무엇보다 선교현장을 방문할 수 있도록 안식년 기회를 주신 하나님과 워싱턴 지구촌교회에 감사를 드린다. 먼 길을 여행하는 동안에도 끊임없이 기도로 지원해 주신 홍을순 어머니의 기도후원은 언제나 든든한 버팀목이 되었다. 그리고 여행기간 중에 가정을 지키면서 자녀들을 돌봐준 아내 조혜영과, 아빠를 위해 기꺼이 먼 길을 가도록 후원자가 되어준 두 딸 희영과 현영에게도 고마운 마음을 전하고 싶다.

40일 정탐

정탐여행은 보면서 배우고 연구하는 것이다.

새로운 세계를 방문하는 선교정탐여행에 시간을 투자한다면

그 시간을 통해 타문화를 체험하고,

새로운 사람들을 만나고,

지금도 역사하시는 하나님의 손길을 보며,

인생을 새롭게 돌아보는,

소중한 영혼의 재충전이 될 것이다.

먼 길을 떠나면서

내게 소신껏 사용할 수 있는 6개월의 시간이 주어진다면…

많은 생각으로 고민에 빠질 것이다.

그래도 사람마다 다르겠지만,

상당수의 사람들은 여행에 관심을 갖게 될 것이다.

정탐여행은 보면서 배우고 연구하는 것이다.

새로운 세계를 방문하는 선교정탐여행에 시간을 투자한다면

그 시간을 통해 타문화를 체험하고,

새로운 사람들을 만나고,

지금도 역사하시는 하나님의 손길을 보며,

인생을 새롭게 돌아보는,

소중한 영혼의 재충전이 될 것이다.

선교정탐을 마칠 즈음에는

수많은 나눔과 섬김의 기회를 볼 수 있고,

내가 가진 넉넉함에 감사의 마음을 가질 수 있고,

본 것 이상으로 더 많은 것을 깨닫게 될 것이다.

나는 지난 2006년 3월 1일부터 4월 10일까지 40일간 동남아 7개국에 선교정탐여행을 다녀왔다. 여행기간은 가나안 땅을 탐지하는 심정으로 40일로 정했다. 다행히 여행기간 중 큰 어려움 없이 방문하고자 하는 선교 사역지를 계획 이상으로 돌아볼 수 있었다. 타 문화권에서 새로운 사람들을 만나고, 그들의 독특한 문화를 접하는 것은 내게 큰 기쁨이었으며 유익이었다.

왜 동 남 아 인 가 ?

동남아로 선교정탐여행을 간 것은 여러 가지 상황을 고려한 것이었다. 먼저, 지역교회에서 선교사역을 담당할 때에 안식년을 선교와 관련해서 사용하길 원했다. 그래서 안식년을 앞두고서 세계지도를 펴놓고 자주 기도하곤 했다. 그러던 어느 날 기도 가운데 하나님께서 내게 특별한 지역에 마음을 주셨다. 그것은 바로 2004년 12월 26일에 일어났던 쓰나미(Tsunami)의 피해가 가장 심했던 인도네시아의 반다아체(Banda Aceh) 지역이었다. 그리고 동남아 국가 중 이전에 방문했던 태국과 라오스, 그리고 캄보디아를 다시 방문하고 싶었다. 또 다른 이유로 이 나라들은 비자 받는 것이 어렵지 않고, 나라와 나라 간 이동 시 편리하게 이동할 수 있는 장점이 있었기 때문이다. 이번 여행에서 미얀마를 제외하고는 무비자, 혹은 공항이나 국경지역에서 직접 비자를 받아 여행을 했다.

　　　　동남아시아는 한국인 선교사역자들이 많이 파송된 지역 중에 하나다. 사역자들이 많이 파송된 지역인 만큼 사역을 다양하게 접해볼 수 있는 기회가 있다. 하지만 그곳은 선교의 문이 열려있는 곳도 있지만 일부는 닫힌 지역이기도 해 조심스럽게 접근을 해야 한다.

어 떻 게　정 탐 을　할 까 ?

　　　　선교지를 방문하려면 현지 사역자와 사전 접촉을 해야 한다. 선교와 관련된 현장정보의 대부분을 그들을 통해서 얻을 수 있기 때문이다. 여행기간 중 만난 사역자들 가운데 대략 1/4은 이전부터 아는 분들이었고, 나머지 분들은 현지에서 소개나 모임을 통해 만난 분들이었다. 초면인 분들을 많이 만남으로써 더 많은 현지 사역자들과 교제하는 축복을 누렸다.

40일 동안 7개국의 여러 도시를 방문하기 위해서 이동을 자주 하였다. 이동을 할 때는 가능하면 기차, 버스, 택시, 배, 지하철과 같은 대중교통을 이용했다. 대중교통 이용은 현지인들을 가까이서 접촉할 수 있는 좋은 기회가 되기 때문이다.

이번 여행목적은 선교정탐이다. 선교정탐을 목적으로 하기에 관광지 방문은 최소화하는 원칙을 가지고 여행에 임했다. 현지를 방문할 때마다 선교적인 관점에서 보려고 노력했다. 그런 관점에서 현지 사역자들에게 질문하고 선교적인 해답을 얻기도 했다. 선교정탐이라는 목적에 맞추어서 여행을 해 보니 관광에서 느끼지 못하는 독특한 기쁨을 경험할 수 있었다.

발 걸 음 이   닿 았 던   곳

여행기간이 날짜로는 총 41일이지만 미국과 아시아의 시차를 고려해서 여행을 총 40일간 한 것으로 맞춰 진행했다. 여행일정을 대략적으로 정리하면 다음과 같다. 여행일정 중 ( )는 당시에 이용했던 교통수단을 말한다.

1일 차 : 워싱턴 덜레스공항에서 출발

2일 차 : 홍콩을 경유해 싱가포르 창이공항 도착

말레이시아 국경도시인 조호르바하루에서 싱가포르를 왕래함

(시내버스와 지하철)

7일 차 : 쿠알라룸푸르로 이동 (고속버스)

8일 차 : 태국 제2의 도시인 치앙마이로 이동 (비행기)

11일 차 : 라오스의 수도인 비엔티안을 방문 (야간버스)

15일 차 : 방콕 도착 (야간기차), 방콕에서 미얀마 여행준비

20일 차 : 미얀마의 관문도시인 양곤 방문 (비행기)

23일 차 : 양곤에서 방콕으로 돌아옴 (비행기)

24일 차 : 방콕에서 육로로 캄보디아의 수도인 프놈펜에 도착

(시외버스와 오토바이택시)

25일 차 : 시아누크빌 방문 (고속버스)

27일 차 : 캄보디아 육로 국경을 넘어 방콕 도착 (국제버스)

29일 차 : 태국 남부지역에 있는 핫야이에 도착, 국제회의 참석 (야간기차)

33일 차 : 말레이시아 페낭 방문 (자동차)

35일 차 : 인도네시아 메단과 반다아체를 방문 (비행기)

38일 차 : 쿠알라룸푸르를 재방문 (비행기)

40일 차 : 쿠알라룸푸르에서 싱가포르로 이동 (국제기차)

41일 차 : 싱가포르 창이공항에서 출발해 홍콩을 거쳐 미국으로 귀국

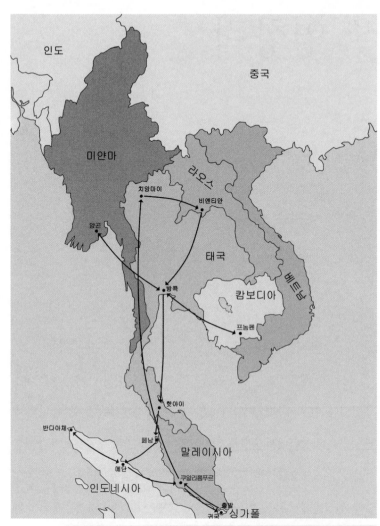

인도

중국

미얀마

라오스

치앙마이

비엔티안

양곤

태국

캄보디아

베트남

방콕

프놈펜

핫야이

반다아체

페낭

말레이시아

메단

인도네시아

쿠알라룸푸르

귀국 출발 싱가폴

정탐기간 중 다녔던 동남아 7개국의 전체적인 여행경로, 처음 방문하는 지역이 많았지만 하나님의 은혜로 예비된 사람들을 만나 일정을 잘 감당할 수 있었다.

1장 영향력

환경 바꾸기

워싱턴의 3월은 갓 겨울을 벗어난 포근함과 함께 봄볕을 비추고 있었다. 먼 길 여행을 떠난다니 날씨마저 축하해 주는 듯 했다. 나의 비행 일정은 워싱턴에서 출발해 시카고와 홍콩을 거쳐 싱가포르까지 가는 것이었다. 거의 24시간이 걸린 비행과정 속에서 나는 세 계절을 볼 수 있었다. 워싱턴에서 봄으로 출발해 알라스카와 시베리아 지역을 통과할 때는 여전히 언 땅의 겨울을 통과하였고, 적도에서 가까운 싱가포르는 여름 날씨였다. 겨울 날씨가 아직 여운으로 남아 있던 워싱턴과 비교해 볼 때 싱가포르에서 여름을 경험하는 것은 내게 주어진 특별한 경험이었다. 동남아 선교정탐여행은 지역과 계절이 바뀐 싱가포르에서 시작되었다.

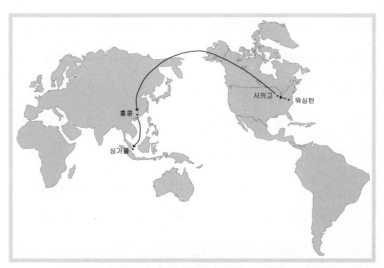

지구 반대편을 향해 떠났다. 워싱턴을 출발해 다음 날 적도 날씨의 싱가포르에 도착함으로 선교 정탐여행이 시작되었다.

싱 가 포 르(Singapore) 보 기

입국수속은 순조로웠다. 입국절차를 밟으면서 색다른 인상을 받았는데, 수화물을 찾고 세관을 통과하는 과정을 외부에서 볼 수 있도록 투명유리로 칸막이를 한 것이었다. 투명성으로 유명한 싱가포르 정부의 한 단면을 보는 듯 했다.

싱가포르 시내를 다니면서 도시국가의 내면을 볼 수 있었다. 일단 여러 가지 언어가 사용되고 있었다. 하지만 영어로 의사소통이 자유로웠고, 잘 정리된 도시국가여서인지 처음 방문한 사람도 개인적으로 관광이 가능할 정도였다. 여행을 위한 면에서는 물가가 싼 곳은 아니었다. 주변 국가의 물가와 비교해 보면 현지 물가가 어느 정도인가를 금방 느낄 수 있다. 나는 현지 사정을 고려해 물가가 싸면서 교통이 편리한 말레이시아의 국경도시인 조호르바하루(Johor Baharu)에 가서 머물렀다. 싱가포르로 가려면 매일 국경을 통과해야 하는 수고가 있지만 국경을 오가는 보통 시민들의 삶을 가까이서 볼 수 있는 장점이 있다.

싱가포르 도심지에는 고층 건물들이 많다. 대부분 아름답고 건축양식이 화려한 건물들이었는데, 싱가포르 정부는 가능하면 독특한 건물을 짓고 도시 내에 똑같은 건물이 없도록 하는 것을 정책으로 삼고 있다. 이는 도시미관을 고려하여 건물을 창의적으로 만들어야 한다는 철학 때문이다. 나는 독창성이 강조된 건물들 사이를 다니며 잘 정리된 도시미관을 구경할 수 있었다. 그리고 창의성과 깨끗함이 조화를 이룬 도시를 보면서 싱가포르의 다양한 매력을 느낄 수 있었다.

한 나라의 영토를 정의함에도 싱가포르는 독특하다. 도시국가라는 한계를 극복하기 위해 영토를 현재의 도시 안에만 한정하지 않고 있다. 특히 공군기지를 주변 나라에 장기간 임차계약하여 사용하는 등 다른 나라 영토를 자국 땅처럼 사용함으로써 전통적인 영토의 개념을 뛰어넘어 넓은 의미에서의 국토 운영을 하고 있었다.

또 싱가포르는 국경을 맞대고 있는 말레이시아와 물 사용권에 대한 충돌 가능성을 안고 있다. 말레이시아에서 제공하는 물 자원에 전적으로 의존하는 싱가포르는 말레이시아에서 수입한 물을 상품화해서 다시 말레이시아에 되판다는 것이다. 외교적으로 물 공급이 계속되도록 하면서 동시에 상품가치가 부여된 물을 말레이시아에 역수출하는 나라가 바로 싱가포르이다. 싱가포르는 두 나라간의 현안을 외교적으로 잘 해결해 나가면서 동시에 국가경제에 유익하도록 운영하고 있다.

싱가포르는 외적인 매력도 많지만 감춰진 매력도 발견할 수 있었다. 그 매력 중 하나는 주변 나라들에 대한 영향력이다. 작은 도시국가임에도 불구하고 다른 나라들에 끼치는 영향력은 결코 과소평가할 수 없었다. 어떤 요소로 영향력을 끼칠까? 선교정탐여행을 하다 보니 무엇보다도 아시아지역을 향한 선교적인 영향력이 눈에 띄었다.

시작이 반이다. 동남아 여행의 출발과 귀국의 장소가 되었던 싱가포르 창이국제공항 (Changi International Airport)

지 원 사 역 중 심 지

싱가포르는 선교사역자들이 거주하기에 매력 있는 지역이었다. 영어통용, 높은 수준의 공립학교, 지리적 중심지, 종교의 자유 등 이점들이 많다. 이런 요소들은 그들이 사역을 하는 데 있어서 큰 장점이 된다. 그러나 현지인들을 대상으로 직접 사역하는 것은 어려움이 따르는 것 같았다. 그래서 그런지 현지인들을 상대로 직접 사역을 하는 사역자들이 많지 않은 실정이었다.

선교적인 관점에서 보면 싱가포르는 크게 두 가지 역할을 감당할 수 있다. 먼저 다른 나라에서 사역하는 사역자들을 지원하는 본부 역할이다. 그리고 다른 하나는 잠시 방문하는 사역자들을 위한 선교 중심지(Hub) 기능을 하는 것이다. 싱가포르는 안정된 정치상황과 교통의 편리성 때문에 선교지원의 중심지로서 적절한 곳이다. 하지만 현지 사역자들은 이전과 비교해서 여러 선교단체들이 철수했다고 말한다. 굳이 이유를 들자면 싱가포르에 선교본부를 두기에는 재정 부담이 크다는 것이다. 그러나 세계지도를 펴놓고 싱가포르를 자세히 살펴보면 그 위치의 중요성을 확실히 알 수 있다. 싱가포르는 동남아 국가들과 남서태평양에 위치한 많은 국가들의 한 가운데에 위치해 있기 때문이다. 이 같은 지리적인 이점을 가지고 있는 싱가포르에서 현장 사역자들을 위한 지원사역이 계속 유지될 수 있도록 지역교회들과 선교단체들은 관심의 끈을 놓지 말아야 할 것이다.

싱가포르를 방문하는 동안에 수전도단(YWAM) 소속 사역자를 만나고, 미국남침례교단내 국제선교부(International Mission Board)의 태평양지역을 담당하는 'Pacific Rim' 사무실을 방문해 중요 사역 내용을 소개 받았다. 'Pacific Rim' 사무실에서 말한 중요사역이란, 프로젝트(Project) 중심보다는 소위 가정교회를 지속적으로 개척해 나가는 '교회개척배가운동'(Church Planting Movement)에 집중하는 것이었다.

싱가포르에서 사역하는 워싱턴 지구촌교회 집사님의 아들 부부를 만났다. 전에 만난 적이 있지만 외국에서 만나니 더욱 반가웠다. 그들은 동남아시아의 여러 나라에 단기봉사 팀을 모집해 파송하는 사역을 하고 있었다. 우리는 오랜만에 만난 반가움에 한식으로 식사를 하기로 하고 무작정 한국식당을 찾아 나섰다. 그러나 서로 모르는 탓에 한참만에 한국식당을 찾았고, 막연하게 찾아 나서서 식당을 찾고 보니 그 반가움이 두 배로 컸다. 낯선 땅에서 한국식당을 찾아 식사를 한 것이 좋은 추억거리가 되었다.

도 시 내 선 교

사역자들이 주로 본부사역을 한다면 현지인들을 위한 선교는 누가 감당해야 할까? 싱가포르에 사는 사람들에게도 복음이 나눠져야 하지 않는가? 사실 싱가포르에는 국제적으로 잘 알려진 교회들과 크리스천들이 많이 있다. 그들이 그 지역의 복음사역을 감당할 수 있다. 실제 현지에서 만난 사역자들도 '직접선교' 기회가 점점 줄어들고 있다고 의견을 같이했다. 그러기에 싱가포르 선교는 싱가포르 내 지역교회들이 담당해야 한다고 주장했다.

싱가포르에는 셀 목회로 잘 알려진 로렌스 콩 목사가 사역하는 '신앙공동체침례교회'(Faith Community Baptist Church)가 있다. 이 교회는 거의 일천여 개의 G12-셀을 운영하고 있다. 또한 싱가포르 내에서 급부상하고 있는 '도시를 추수하는 교회'(City Harvest Church)가 있다. 이 교회는 싱가포르 내에서 가장 빠르게 성장하는 교회로 성도들 절대다수가 청소년과 청년들로 구성되어 있다. 이런 교회들이 앞서가면서 다른 지역교회들과 함께 사역을 리드해 나가야 할 것이다.

버스와 지하철로 시내를 다니면서 많은 청년들을 보았다. 대중교통을 이용하는 사람들 중 상당수가 다민족들이었다. 현지인에 의하면 싱가포르에는 직업을 찾아 입국한 외국인들이 많다고 한다. 이들을 위한 선교의 책임은 누가 질 것인가? 바로 지역교회의 몫이다. 싱가포르 내 교회들은 책임의식을 가지고 다민족 선교를 위한 전략적인 접근을 해야 할 것이다.

여행 중간쯤에 이슬람권 선교를 위한 국제회의에 참석했다. 그곳에서 싱가포르 지역교회 교인들로 구성된 사역지원 팀을 만났다. 그들 중 몇몇 분들은 무슬림[1]이었다가 기독교로 개종한 외국인들이었다. 그 무슬림개종자들은 자유로운 신앙생활을 위해 싱가포르에서 거주한다고 했다. 그리고 지역교회들이 자신들을 위해 선교후원을 하고 있다고 했다. 이번 회의에 간증자로 참석한 그들을 통해 싱가포르 내 지역교회들이 그들 사회 속에 있는 '무슬림 배경을 가진 사람들'(MBB: Muslim Background Believers)을 위해 사역을 하고 있음을 확인할 수 있었다.

국 경 을 넘 으 며

싱가포르가 첫 여행지였지만 말레이시아의 국경도시인 조호르바하루에 숙소를 정하는 바람에 3일 동안 두 나라 국경을 넘나들었다. 국경세관에서 출입국 수속을 밟는 사람들은 대부분이 말레이시아 사람들이었다. 그들은 싱가포르에 가서 낮에는 일을 하고 밤에는 조호르바하루로 돌아가는 생활을 했다. 말레이시아 사람들은 싱가포르의 높은 달러 가치와 임금을 좇아 싱가포르에서 직업을 찾는다고 한다.

싱가포르에서 한 크리스천이 직원을 고용할 정도의 사업을 운영한다고 하자. 어떤 사람들을 고용할 것인가? 이왕이면 무슬림들을 직원으로 채용하는 것이다. 크리스천 사업가로서 무슬림을 고용하여 직장에서 그들을 전도할 수 있는 기회를 만들 수 있다.

두 나라의 경제적인 격차 때문에 일터를 찾아 싱가포르로 오는

---

1 '이슬람' 과 '무슬림' 의 차이: '이슬람' 은 종교를 의미하고, '무슬림' 은 이슬람을 믿는 사람을 지칭한다.

말레이시아 사람들이 점점 증가할 것이다. 따라서 크리스천 사업가들은 이것을 선교의 기회로 삼아 그들을 고용인의 입장에서만 대할 것이 아니라 선교적인 마인드로 대할 수 있다. 직접 이슬람권에 가서 복음을 전하는 것은 쉬운 일이 아니다. 그렇다면 자발적으로 찾아온 그들을 위해 크리스천들은 무엇을 할 수 있겠는가? 당연히 직장환경을 통해 영적인 영향력을 끼쳐야 한다. 선교적인 마인드를 가진 크리스천 사업가라면 하늘 지향적인 사업목표를 세우고, 그에 따라 땅의 사업을 운영하며, 복음 밖 사람들을 하나님의 마음으로 대하여야 할 것이다.

두 나라 국경을 오가면서 기도제목이 생겼다. 그것은 "하나님!

싱가포르의 국경세관. 이 경계를 넘나들면서 많은 말레이시아 무슬림들을 만날 수 있었다.

싱가포르에 선교적인 목적을 가지고 말레이시아 사람들에게 일터를 제공하는 크리스천이 점점 더 많아지게 하옵소서"이었다. 국경을 통과하고 집으로 돌아가는 말레이시아 사람들과 함께 만원버스 속에서 이 같은 기도제목으로 기도를 드렸다.

와 ! 절 에 웬 사 람 들 이 ?

미국남침례교 국제선교부 태평양지역 사무실이 있는 건물 가까운 곳에 두 개의 템플(Temple)을 방문했다. 그곳은 힌두템플과 불교사원이었다. 힌두템플은 한산했지만 불교사원에는 사람들 특히 젊은이들이 많았다. 그들은 연기 나는 향을 하늘을 향해 들고 무엇인가를 진지하게 빌고 있었다. 그 장면은 나로 하여금 많은 생각 속에 잠기게 했다.

왜 대낮에 일을 해야 될 젊은이들이 이곳에 있을까?

그들은 무엇을 저렇게 간절히 빌고 있을까?

그들의 삶에 종교가 어느 정도 영향을 끼치고 있을까?

대낮에 젊은이들이 절에 올 수 있도록 부모들은 어떤 역할을 했을까?

이런 질문들을 마음속으로 하면서 그들의 행동을 유심히 바라보았다. 내면을 다 알 수 없다고 해도 실제 싱가포르 사람들에게 절은 상

젊은이들이 절을 방문해 무엇인가를 열심히 빌고 있다.

당한 영향을 끼치고 있었다. 최첨단 과학기술을 자랑하고 고도의 경제성
장을 통해 부를 누리고 있는 싱가포르도 종교가 끼치는 영향력이 결코 적
지 않았다.

그 래 도   데 이 트 는   해 야 지

싱가포르 사람들은 매우 자유스럽고 개방된 문화를 누린다. 여
성들의 옷차림을 보면 거의 서구화가 되어있다. 하지만 아직 싱가포르에
'뚜둥' (Tudung: 말레이 무슬림 여성들이 머리에 쓰는 두건)을 쓰고 다니

는 여성들을 자주 볼 수 있다.

　　　　지하철역에서 본 장면이다. 머리에 뚜둥을 쓴 십대로 보이는 여성에게 역시 십대로 보이는 남자가 어깨에 손을 얹고 있었다. 이런 것은 서구 사회에서는 아무런 화제가 되지 않지만, 이슬람 사회에서는 이 같은 공개적인 데이트가 허용되지 않는다. 그러나 종교가 허용하지 않는다고 해서 자유스러운 싱가포르에서 연애감정을 숨기고 살 청소년들은 많지 않을 것이다. 개인적으로 이런 생각을 해 보았다. 말레이 무슬림 청소년들이 자기 나라에서는 마음껏 연애하기가 어려우니 싱가포르에 와서 저렇게 연애하는 것이 아닐까? 아무튼 뚜둥을 쓴 십대가 공공장소에서 연애하는 모습을 보니 무슬림에게도 변화의 물결이 일고 있다는 것을 느낄 수 있었다. 거센 서구화의 물결 속, 이슬람의 전통을 지켜야 하는 현실에 그들 또한 직면하고 있는 것이다. 그렇게 개방된 싱가포르에서 무슬림 청소년들은 종교와 현실 속에서 계속 갈등할 것이다. 그래도 데이트는 해야 하는데….

2 장 완충 역할

선교정탐여행 두 번째 방문국은 말레이시아였다. 주변 국가 여
행일정과 관련해 말레이시아는 세 지역을 방문했다. 국경도시인 조호르
바하루(Johor Baharu), 수도인 쿠알라룸푸르(Kuala Lumpur) 그리고
'동양의 진주'라는 별명을 가진 작은 섬인 페낭(Penang) 땅을 밟았다. 조
호르바하루에서의 일정을 마치고 쿠알라룸푸르로 가서 하룻밤을 머물고
다음 날 비행기로 태국의 제2도시인 치앙마이로 갔다. 그리고 나중에 여행
33일 차에 태국에서 다시 페낭으로 왔다. 그리고 페낭을 거쳐 인도네시아
로 갔고, 인도네시아에서 일정을 마치고 쿠알라룸푸르를 재방문했다. 이
번 여행에서 말레이시아는 세 번을 방문할 정도로 여행의 길목국가가 되
었다. 쿠알라룸푸르를 중심으로 운행하는 저가항공인 AirAsia항공²과 국

---

2 www.airasia.com 사이트에 가면 지역간 편도 구입과 매월 특별구간 할인하는 것을 미리 예약을 해서 싸
　게 비행기 표를 구입할 수 있다.

제열차를 이용해 주변국들을 방문했다.

말레이시아(Malaysia) 보기

말레이시아를 방문하면서 강한 인상을 받았다.

쇼핑과 관광의 천국,

앞서가는 IT산업과 자동차를 생산하는 산업능력,

영어 사용과 몰려오는 한국 유학생들,

한국 건설업체들에 의한 고층빌딩 건설과 대규모 토목공사,

신행정도시에 있는 거대한 인공호수와 대형 건축물들,

다인종과 이슬람 중심의 정치 구조,

아랍과 서구간의 갈등해소를 위한 중재 역할,

이슬람 선교를 위한 완충 국가의 역할 등…

말레이시아 내 여러 도시를 방문하면서 눈에 크게 띄는 것은 잘 관리된 국토와 관광자원이었다. 아름다운 페낭 섬, 잘 정비된 도로망, 초고층을 자랑하는 매혹적인 쌍둥이빌딩 등이 많은 관광객들과 사업 투자자들에게 매력으로 다가온다. 이 나라는 정치, 경제, 사회, 문화등 사회 전 분야에 걸쳐 눈부신 발전을 하고 있었다.

시내에서 조금 떨어진 지역에서 바라본 수도 쿠알라룸푸르의 시내정경. 도시를 다녀보면 동남아 국가 중에서 말레이시아의 놀라운 경제발전 현장을 직접 목격할 수 있다.

　　말레이시아를 이해하려면 먼저 이슬람이 그들의 삶에 어떤 영향을 끼치는가를 알아야 한다. 인구비율은 대략 말레이계 60%, 중국계 30%, 인도계 9% 그리고 기타로 구성되어 있다. 인구 중 다수를 차지하는 말레이계는 출생 때부터 무슬림이 된다. 무슬림들이 개종을 통해 크리스천이 되는 것은 가능하지만 현실적인 어려움을 각오해야 한다. 개종을 하게 되면 가족, 친지, 이웃들로부터 따돌림을 당하기 때문에 결국 기존의 공동체에서 사는 것 자체가 어렵게 된다.

　　말레이시아에는 이슬람과 서구 문화가 함께 공존한다. 그리고 다민족 복합문화의 구조를 가진 상태에서도 그들 안에 이슬람을 잘 유지시키고 있다. 그것은 타민족의 문화와 종교를 인정해 주면서도 이슬람의 영역에 대해서는 엄격한 법적, 사회적 규제를 통해 이슬람을 보호하고 있기 때문이다. 그런 이유로 타민족이 무슬림들에게 전도하는 것은 법으로 금지되어 있다.

경제적인 면을 보면 이 나라는 동남아에서 앞서가는 국가에 속한다. 현지인들은 국가 경제발전에 대해서 자부심이 매우 크다. 국가경제 차원에서 미국과의 협력 필요성을 느끼고 실제로 많은 협력을 하고 있다. 그러나 정서적으로는 상당히 반미성향을 띄고 있다. 서구와 경제협력의 필요성을 느끼면서도 그들은 실제 이중적인 갈등을 겪는 것이다. 그 이유는 종교법으로 알려진 일명 '샤리아 법'(Sharia Law)[3] 때문이다.

말레이시아인들의 월평균 임금은 미화 400~500불 정도 된다. 이 정도의 수입을 가지고 생활을 하면서 차를 몰고 다녀야 한다. 그들은 집은 허름하게 살아도 차는 반드시 가져야 한다고 여긴다. 차를 소유하기에 수입이 부족하면 일반적으로 부모와 함께 살기도 한다. 또 어떤 이들은 함께 방을 나누어 쓰면서 지출을 줄인다고 한다.

수도인 쿠알라룸푸르에서는 개방적인 말레이시아의 모습을 볼 수 있다. 샤리아 법이 있음에도 불구하고 머리에 뚜둥을 쓰지 않은 여성들, 짧은 치마를 입은 여성들, 청바지를 입은 젊은이들 등과 같은 장면들이 자주 눈에 띈다. 전통적인 무슬림들의 입장에서 본다면 이런 행동들은 가히 파격과 혁신에 해당하는 것이다. 이슬람 사회는 종교가 사회를 지

---

3 '샤리아' 라는 뜻은 '샘', '원천', '길' 이란 의미로 무슬림의 출생에서 사망까지 적용되는 이슬람법이다. 인간이 알라에게 행하는 직접적 의무관계로 청결, 예배, 순례, 장례와 같은 의례적 규범과 혼인, 이혼, 상속과 같은 인간 상호 간의 윤리적 규범에 대한 의무와 권리에 관한 법이다. 특히 여성과 기독교도에 대한 악습이 문제시되고 있다.

배하는 매우 엄격한 사회구조라 개방 자체가 거의 힘든 편이다. 그런데 말레이시아의 경우는 서구 문화가 서서히 무슬림들에게 스며들고 있다. 이런 개방 되어가는 사회의 모습을 보면서, 말레이시아는 서구 사회와 전통적인 이슬람 세계의 중간에 서서 완충 역할을 하는 나라로 손색이 없어 보인다.

말레이시아 내부를 좀더 자세히 보려면 이슬람과 관련된 내용들을 이해하는 것이 필요하다. 말레이시아는 이슬람 국가들의 모임인 OIC(Organization of the Islamic Conference)에서 주요 회원국으로 활동 중이다. 회원국 대부분이 아프리카의 중북부에 위치한 나라들과 중동 국가, 구 소련권의 국가들인데, 말레이시아는 OIC 내에서도 상당한 영향력을 끼치면서 이슬람 나라들과 전 세계를 연결하는 완충 국가의 역할을 감당하고 있다.

미국에서 2001년에 일어난 9.11테러 이후에 아랍과 서구 국가들은 테러와의 전쟁이라는 명분하에 상당히 충돌하고 있다. 아랍 국가들과 미국 사이의 관계도 매우 불편해졌다. 그 결과 아랍인들의 미국 입국이 상당히 어려운 상황에서 아랍 사람들에게 말레이시아는 미국의 대안 국가로 부상하고 있다. 아랍 청년들이 말레이시아에 와서 영어와 정보기술(Information Technology)을 배우기도 한다. 이런 환경 때문인지 말레이시아는 영어와 신기술을 배우려는 아랍 사람들에게 매력적인 나라로 인식되고 있다.

한 류 열 풍

한국과 말레이시아의 관계는 좋은 편이다. 한국과 일본에서 2002년에 개최된 월드컵 이후에 현지인들 사이에 한국에 대한 관심이 높아졌다. 그러면서 한국과 한국의 문화에 대해 구체적으로 알기 원하는 사람들이 생겨나고 이로 인해 한류열풍이 조금씩 일기 시작했다.

2002년과 2003년에 말레이시아를 포함한 동남아 전 지역에 괴질 '사스' (SARS: 중증급성호흡기증후군)가 돌면서 많은 희생자들이 발생했다. 그런데 당시 현지 신문에 한국 사람들이 주로 먹는 김치가 사스에 큰 효과가 있다는 기사가 실렸다. 사람들은 김치가 어떤 역할을 하는지 정확히 알지 못하면서도 신문기사로 인해 김치에 대해 많은 관심을 가졌다. 드라마 '대장금'도 한국 음식에 대한 인식을 높이는 데 큰 기여를 했다.

월드컵, 사스 그리고 한국 드라마로 인해 말레이시아에 한류열풍이 강하게 불기 시작했다. 그리고 한류열풍은 다양한 모습으로 나타났다. 한국어나 한국 음식을 가르치는 학원이 생겨났고, 학원들이 더 발전하여 현지에 거주하는 한인에 의해 운영되는 문화원이 개설되기도 했다.

한국문화원은 단순히 한국 문화를 전달하는 것 이상으로 지역사회에 영향력을 끼치고 있었다. 국제무역을 하는 기업들에게는 한국을 이해하고 한국어를 배울 수 있는 기회를 제공하고, 한국에 대한 관심을 가진 사람들은 스스로 문화원을 찾아오기도 했다. 어떤 경우는 현지 신문기자가 직접 이곳을 찾아 취재를 하여 한류 내용을 기사화해서 현지인들에게 알려주기도 했다.

한국 문화 보급은 선교의 좋은 사역 도구로 활용된다. 한국어 학습 기회나 음식 만들기를 통해 현지인들과 접촉점을 만들 수 있으며, 일단 접촉점이 생기면 사역은 그 다음부터 전략을 가지고 차근차근 진행해 나갈 수 있다. 언어와 음식을 통해 현지인들의 마음을 열게 한 후, 전략적인 접촉을 지속적으로 해 나갈 때 선교 열매를 거둘 수 있을 것이다.

현지에서 일고 있는 한류열풍을 보면서 하나님은 문화를 통해서도 역사하고 계심을 보았다. 선교사역을 위해서 그들의 문화를 존중하면서도 자연스럽게 한국 문화를 전하는 것이다. 무슬림들은 돼지고기 먹는 것을 엄격하게 금지하기 때문에 현지인들을 위해 한국 음식을 만들 때는 음식 재료에 각별한 주의를 해야 한다. 예를 들어 잡채를 만들 때도 돼지고기를 쓰지 않음으로써 그들이 한국 음식을 먹는 데 거부감을 갖지 않게 하는 것이다.

경 제 갈 등

무슬림들은 종교법인 샤리아 법에 지배를 받으며 살아간다. 경제 부분에서도 마찬가지다. 대표적인 예로 무슬림들은 샤리아 법에 의해 이자를 받지 못한다. 그래서 말레이시아 내에는 이자를 주는 자본주의식 은행과 이자를 주지 않는 이슬람식 은행이 있다. 무슬림들은 일상생활에서 두 종류의 은행 사이에 갈등을 겪는다. 샤리아 법을 따르자니 이자를 포기해야 하고 자본주의식 은행을 이용하자니 샤리아 법이 마음에 걸린다. 이런 경우 무슬림들은 어떤 은행에 갈까?

어려서 이슬람이라는 종교 교육을 철저히 받은 사람들이라 할지라도 경제적인 이익 앞에서 그것을 포기하기란 쉽지 않다. 일반적으로 도시 지역에서는 이자를 주는 자본주의식 은행으로 사람들이 많이 가지만 시골 지역에서는 이자를 주지 않는 이슬람식 은행으로 많이 간다고 한다. 왜냐하면 시골 지역일수록 개인의 삶이 쉽게 노출되고 종교 경찰들의 영향력이 크기 때문이다.

또 다른 경제 갈등도 있었다. 은행 영업시간에 관한 것이다. 서구식 은행들은 보통 월요일부터 금요일까지 영업 활동을 하고 주말에는 쉰다. 그러나 이슬람권에서는 금요일에 문을 닫고 주일에 영업을 한다. 이런 서로 다른 시스템으로 인해 영업일과 휴일이 다르다. 하지만 이런 다른 시스템은 오히려 세계를 상대로 한 경제 활동에 보조를 맞출 수가 없다. 자본주의 체제에서는 주일에 일을 하지 않기 때문이다.

말레이시아에서는 현재도 은행 영업과 관련해서 갈등이 진행되고 있다. 국가적으로 13개 주(State) 중 10개 주가 은행 영업활동을 자본주의 식으로 바꾸었다. 시간을 다투는 세계경제 현장에서 자기 종교만을 고집하면서 은행 영업을 할 수는 없는 것이다. 시장경제는 상대가 있기에 상대와 함께 가는 영업 전략을 추구해야 한다. 나머지 주들도 언제까지 이슬람식 영업시간을 고수할지 궁금하다.

　　조호르바하루에는 2000년 이래로 큰 쇼핑센터가 여러 개 생겼다. 쇼핑센터가 생기면서 그곳에도 12월이 되면 성탄 트리가 화려하게 장식되고, 크리스마스 캐럴도 울려 퍼진다. 이것은 그 도시가 서구의 영향을 받으면서 점차 변화하고 있음을 보여준다. 또 정치, 경제, 사회, 문화면에서 무슬림으로만 살기를 강요당하는 그들의 눈앞에서 바로 보이는 변화이다.

싱가포르 방문 때 머물렀던 말레이시아의 최남단에 위치한 국경도시인 조호르바하루의 시내 정경

변 화 하 는 세 대

이슬람 가정에도 변화의 바람이 거세게 몰아치고 있다. 쿠알라 룸푸르에 갔을 때 현지 사역자는 시내에 위치한 초고층 쌍둥이빌딩 (KLCC Building, 88층 높이 452m)을 반드시 방문할 것을 권했다. 나는 관광 온 것이 아니니 시내 구경은 안 해도 된다고 했다. 그런데 현지 사역자는 선교를 위해서도 반드시 그곳을 가보길 요청했다.

그 빌딩은 세계제일이라는 말에 손색이 없을 정도로 초고층 첨단식 빌딩이었다. 그 빌딩을 두 번 방문했는데, 처음에는 밤에 가서 야경을 보았고, 두 번째는 낮 시간에 갔다. 당일에 이곳저곳을 둘러보면서 변

KLCC 빌딩 앞에서 데이트하는 무슬림 청소년들.

화된 젊은 세대들의 모습을 볼 수 있었다. 먼저 머리에 쓰는 뚜둥(Tudung) 을 한 무슬림 여학생과 남학생이 연애하는 모습이 눈에 띄었다. 여학생이 남학생의 손톱을 깎아주고 있는 장면이었다. 샤리아 법에 의하면 공개된 장소에서 그런 식의 연애는 아무리 젊은 사람들이라 할지라도 금지되어 있다. 하지만 도심에 가보면 남의 눈을 의식하지 않고 서구 스타일로 연애 하는 젊은이들을 상당히 많이 볼 수 있다. 수도 한 중심가에서 무슬림 청 소년들이 뚜둥을 쓰지 않고, 청바지를 입거나 짧은 치마를 입은 옷차림만 봐도 세대의 변화를 충분히 감지할 수 있다.

　　　방문 당일 빌딩 내에서는 유명 가수와 댄서들을 초청해 춤추고 노래하는 특별행사가 있었다.[4] 구경꾼들을 유심히 살펴보니 상당수가 무 슬림인 말레이족 청소년들이었다. 물론 그들은 춤추거나 노래하지 않고 단순히 백화점 행사에 참여한 구경꾼에 불과했지만 그들은 그곳에서 이 슬람과는 전혀 다른 춤과 노래를 보고 있었다. 젊은이들이 그런 장면을 보 면서 어떤 생각을 했을까? 아마도 내적 갈등이 심할 것 같았다. 그들도 똑 같은 젊은이인데 왜 끓는 열정으로 춤추고 노래하고 싶지 않겠는가? 시간 이 지나면서 이런 환경에 자꾸 노출되다 보면, 종교적인 삶을 강조하는 부 모 무슬림 세대의 주장이 점점 설득력을 잃게 되고, 사회 변혁의 바람을 맞 이해야 할 시기가 빨리 올 것 같았다.

　　　데이트와 서구 공연문화 이외에도 청소년들에게 영향을 끼치 는 것은 바로 인터넷이다. 말레이시아 사람들은 정보기술(Information

---

4 저자가 보기에는 힙합댄스를 하고 있는 것으로 보였다.

아니! 이슬람 국가에서 이런 공연이…
KLCC 빌딩 내에서 댄스 공연을 보고 있는 많은 무슬림 청소년

Technology)에 대해서 상당한 자부심을 갖고 있다. 그것은 싱가포르를 제외한 다른 동남아 국가들 중에서 정보산업이 가장 앞서 있기 때문이다.

무슬림 청소년들은 부모 세대와는 달리 인터넷을 이용해 다양한 정보를 접하거나 전혀 다른 세계를 만나고 있다. 그들은 인터넷을 통해 할리우드 영화를 보거나, 세계와 관련된 뉴스를 들으면서 이슬람을 뛰어넘는 세계관을 접한다. 세계는 개방이라는 말이 무색할 정도로 인터넷을 통해 하나의 문화권으로 점차 확대되어 가고 있는데, 이슬람권만 종교를 이유로 개방의 문을 통제하고 있다. 과연 기성세대들이 이런 무서운 위력의 인터넷 공격으로부터 청소년들을 막아낼 수 있을까? 가능성은 희박해

보인다. 세계는 급격하게 변하고 있고, 종교라는 명목 하에 개방의 문을 닫는 것은 네트워크로 전 세계가 소통하는 이 시점에 점점 후퇴하게 될 것이 자명하기 때문이다.

　　젊은 인터넷 세대에게는 정부나 종교에 의한 통제는 약간의 규제가 될 뿐 근본적인 규제는 될 수 없다. 결국 청소년들에게 인터넷은 기성세대의 주장을 뛰어넘어 변화하는 세대로 자라갈 수 있는 환경을 제공하고 있는 셈이다.

빌 딩 을   통 제 한 다 면 …

　　말레이시아가 자랑하는 초고층 쌍둥이빌딩(KLCC Building)은 경제발전의 상징처럼 여겨진다. 주로 쇼핑센터와 사무실로 활용되는 그 빌딩을 가면 누구든지 꼭대기 층에 가고 싶어 한다. 그러나 빌딩 관광은 하루에 제한된 인원에게만 허락하고 있다.

　　이슬람권에 지어지고 있는 고층빌딩을 말할 때 '버즈 두바이'(Burj Dubai)를 빼놓을 수 없다. 특히 버즈 두바이는 우리나라 건설회사가 짓고 있어 더욱 화제가 되고 있는데, 신공법을 도입한 세계최대의 건축방식과 토목공사로 잘 알려져 있다. 이 고층빌딩은 두바이 뿐 아니라 세계의 명소로서 2008년도 완공을 목표로 하고 있으며, 호텔, 아파트, 사무실 등의 용도로 지어지고 있다. 실제 모든 계획대로 지어지면 세계가 주목할

만한 명물이 될 것이다.

이슬람권에 지어지는 초고층빌딩과 선교는 어떤 관계가 있을까? 고층빌딩이 들어서면 도시의 기능이 수평적 기능에서 수직적 기능으로 바뀌게 된다. 수직적인 도시 기능이 강화되면 건물을 통해 무슬림들을 쉽게 통제할 수 있다. 다시 말하면 빌딩 출입자가 무슬림인지 아닌지를 신분증을 통해서 금방 확인할 수 있는 것이다.

건물 출입자들의 통제는 쿠알라룸푸르에 있는 쌍둥이빌딩을 통해서 알 수 있다. 무슬림들이 종교적인 의도를 가지고 고층빌딩 출입을 통제하게 되면 우리 기독교 사역자들의 활동이 상당히 어려워질 수 있다.

말레이시아의 자랑이자 상징인 KLCC 초고층 쌍둥이빌딩. 하루에 제한된 소수의 사람들에게만 관광 목적으로 빌딩 출입을 허락하고 있다.

현재 추세로 보면 이슬람 국가에 더 많은 고층빌딩들이 세워질 것이다. 그래서 이러한 고층빌딩에 의한 수직적인 도시 기능이 선교장벽의 역할을 하지 않도록 우리가 먼저 기도해야 할 것이다.

교 회 를   방 문 해 보 니

　　말레이시아는 다민족 국가이면서 종교는 이슬람교가 절대적 위치를 차지한다. 전체 인구 중 거의 60%를 차지하는 말레이족만 떼서 살펴보면, 크리스천 인구는 거의 제로에 가깝다. 국가 종교기관이 무슬림들에게 복음을 전하는 것을 철저히 막고 있기 때문이다. 종교법이 일반법과 함께 집행되는 나라이기에 공개적인 선교 활동을 하기가 어렵다. 말레이시아에 있는 교회들도 말레이 무슬림에게는 복음을 전하지 못하도록 법으로 규제하고 있다. 만약 국내에서 복음을 전하다 종교경찰에게 발각되면 법적인 박해를 각오해야 한다. 그래서 교회들은 할 수 없이 바깥으로 눈을 돌려 말레이시아 이외의 다른 나라에 선교사역자들을 파송하고 있다.

　　출석교인이 거의 육천 명이 된다는 중국인 중심의 교회에서 주일예배를 드렸다. 이슬람 국가에서 이런 교회가 있는 것은 말레이족을 제외한 다른 민족에게는 종교의 자유가 허용되기 때문이다. 예배 진행은 한국교회와 크게 다르지 않았다. 예배 중 한 자매를 필리핀 복음 사역자로 파송하는 순서를 가졌다.

당일 설교자였던 목사님은 자신이 캄보디아에 단기봉사 여행을 다녀왔다고 소개했다. 여행 이후에 그는 캄보디아의 두 학생을 돕기 위해 미화 400불을 모금하기 원한다고 했다. 그리고 다가오는 2년 동안 해외 단기봉사를 위해 새 옷을 사지 않고 봉사에 사용될 재정 준비를 하겠다는 자신의 결심을 밝혔다. 예배에 참석해 보니 의외로 교회는 선교사역에 대한 강한 열정이 있었다. 이런 선교열정이 있는 교회가 있다면 가까운 장래에 말레이족 사람들에게도 복음을 전할 수 있는 날이 속히 오지 않을까 싶다. 비록 샤리아 법에 의한 박해가 예상되기는 하지만 말이다.

기 독 교   대 [代] 이 슬 람

인구 면에서 보면 기독교와 이슬람은 판이한 방향으로 흘러가고 있다. 일반적으로 이슬람권에서는 인구 팽창 정책과, 출생과 동시에 강제적으로 무슬림이 되는 종교정책으로 인해 이슬람의 인구가 계속 늘고 있다. 반면 기독교권에서는 사회적 저출산 경향과 신앙의 자유 보장으로 인해 기독교 인구의 증가 면에서는 이슬람권과는 현저한 차이를 보인다.

이슬람은 통계적으로 보면 기독교보다 수적으로 우세하다. 전 세계적으로 무슬림 인구를 약 13억 정도로 추산하는데, 그들은 일부다처제를 통해 다 출산이 가능한 환경을 갖고 있다. 또 전 세계를 상대로 큰 제약 없이 그들만의 독특한 선교활동을 하고 있다. 대개의 경우, 기독교권

국가에서는 법적으로 이슬람의 포교활동에 제재를 가하지 않고 있지만 반대로 기독교 사역자들의 선교활동에 대해서는 엄격한 법적 규제를 가한다. 이는 기독교가 이슬람권에서 복음을 나누는 데 매우 불리한 여건임을 말해 준다.

말레이시아는 이중 구조의 종교정책을 갖고 있다. 법적으로 종교에 있어서 열린 지역과 닫힌 지역 구도로 운영하고 있다. 닫힌 지역인 말레이족에게는 오직 이슬람만 전하게 한다. 그러나 열린 지역에서는 한쪽 눈을 감고 외국인들을 대한다. 외국인들이 교회를 세워 신앙생활하는 것을 허용하는 것이다. 그러나 현재는 타민족에게 교회 설립을 허용하고 있지만 언젠든지 이것이 문제가 될 때 법적 제재를 가할 수 있다는 것이 현지 사역자들의 판단이었다.

결혼을 통해서도 이슬람은 적극적인 영역 확대를 현실화하고 있다. 무슬림이 결혼하면 상대 배우자가 어떤 종족이건 상관없이 그 배우자는 법적으로 그리고 자동적으로 무슬림이 된다. 만약 이러한 샤리아 법을 따르지 않으면 그들 사회에서 왕따를 당하게 해 어쩔 수 없이 그들의 법을 따르도록 만든다.

이러한 면에서 이슬람이 기독교에 비해 통계적 우위를 차지하고 있는 것이 사실이다. 그럼에도 불구하고 이슬람은 오래 못 버틸 것이다. 인터넷이라는 위대한 매체와 자본주의식 경제 개념으로 인해 무슬림들은 점차적으로 종교적인 전통을 전수받는 것에서 벗어나게 될 것이고, 또 현

말레이시아의 신행정수도인 푸트라자야(Putrajaya)에 있는 모스크. 저자가 방문했을 때는 기도
시간이어서 무슬림이 아닌 사람들은 모스크에 들어갈 수 없었다.

대문명을 받아들이고 재해석하면서 기독교의 영향을 받게 될 것이다.

개 종 할 까 ?　　개 심 할 까 ?

이슬람 사회에서 무슬림이 다른 종교로 개종한다는 것은 사회
적인 격리 내지 고립을 각오해야 한다. 예를 들어 남편이 개종을 하면 부인
이 부부관계를 거부한다고 한다. 이런 경우에는 거의 가정이 깨질 가능성
이 높다. 이렇게 그들 속에서 개종은 순교자의 길을 걷는 것과 같다. 하지
만 놀랍게도 사회적인 고통이 예상됨에도 불구하고 기독교로 개종하는 수

가 조금씩 늘어가고 있다고 한다.

기독교로의 개종은 종교경찰의 감시에 쉽게 노출되는 시골 지역보다는 도시 지역에 사는 사람들에게서 그 가능성이 높다고 한다. 왜냐하면 도시 지역은 도시화나 개인화된 환경 때문에 종교적인 규제가 시골에 비해 상대적으로 덜하기 때문이다. 개종자들은 주로 서구 사회에서 유학한 경험이 있거나, 도시 지역에 사는 지식층에서 많이 나온다고 한다. 서구 세계에서 유학한 사람들은 이미 유학지에서 기독교 영향을 받은 사람으로서 무슬림의 삶의 모판이 직접적으로 복음의 영향을 받아 개종에 이르게 된 것이다.

이번 여행에서 만난 한 분은 이런 주장을 했다. 말레이시아에는 드러나지 않은 개종자가 거의 20만 명 정도가 된다는 것이다. 이 숫자는 사역자들의 영향보다 성령의 역사—성경을 읽으면서, 혹은 성지순례 등—로 자발적인 개종환경이 그들에게 주어진 결과라는 것이다. 실제 이 숫자를 확인할 수는 없지만 현지 사역자가 현장에서 직접 느끼고 경험한 것을 토대로 전한 것이라, 지금도 이슬람 지역에서 역사하시는 하나님의 손길을 간접적으로 느낄 수 있었다.

이러한 차원에서 이슬람권 선교에 대한 새로운 전략이 필요하다. 이전에는 개종자를 얻기 위해 사역을 했다면, 지금은 '내부자운동'(Inside Movement)으로 사역전략을 바꿔 추진해 가고 있다. 이것은 일명 '개심자'를 얻기 위한 사역으로 그 초점이 변하고 있음을 의미한다.

개심자는 이슬람 사회 속에서 크리스천이 되어 계속적으로 그들 사회 속에서 살아가는 사람을 말한다. 그들은 마음으로만 예수 그리스도에 대한 신앙고백을 하고, 속한 사회는 떠나지 않는 것이다. 그들은 자신이 살고 있는 환경을 그대로 유지하면서 주변 사람들에게 은밀하게 복음의 영향을 끼치면서 살아간다. 개종으로 인해 한 개인이 겪어야 할 사회적 부담이 너무나 크기에 무슬림에 대한 선교전략도 수정되고 좀더 섬세해져야 한다.

이번 여행에서 한국인들과 관련된 놀라운 사실도 한 가지 알게 되었다. 이슬람권에 사는 한인들 중에서 이슬람으로 개종하는 사람들이 의외로 많다는 것이다. 아예 한국에서 이슬람으로 개종한 후 이슬람권에 사업을 하러 오는 사람들도 적지 않다고 한다. 특히 이슬람권에서 사업을 할 때 개종한 무슬림들에게는 특혜가 주어진다. 예를 들어 그들이 사업을 추진할 때 정부로부터 허가도 잘 받을 수 있으며, 상대적으로 은행관련 일에 싼 이자와 같은 유리한 조건으로 대우 받기도 한다. 한 도시를 방문했을 때는 그 도시의 한인 회장이 바로 이슬람으로 개종한 분이었다.

보 이 지 않 는 능 력

말레이시아는 이슬람 국가이면서 동시에 교회사역이 가능한 나라다. 한국이나 미국의 한인교회에서 단기봉사 팀들도 많이 온다. 일반적으로 단기봉사 팀원들은 사역에 대한 열정이 대단하다. 그래서 단기봉사가 짧은 기간 내에 이루어지는 사역임에도 불구하고 많은 열매를 얻기를 기대한다. 그러나 현실은 다르게 진행되는 경우가 많다. 물론 말레이시아 내에서도 복음에 문이 열린 나라처럼 프로젝트 중심의 단기봉사 사역을 할 수 있는 지역들도 있다. 그러나 반대로 상당수 지역들이 복음에 대해서 문을 닫고 있다. 이런 지역들은 자연히 단기봉사 팀의 사역에 제한을 받을 수밖에 없다.

이슬람권에서 단기사역 팀의 주요 사역은 정탐사역 혹은 땅 밟기 기도사역이다. 이슬람권에서는 공개된 사역이 불가능하기 때문에 단기봉사도 전략을 가지고 진행해야 한다. 가끔은 기도사역과 여행 사이에서 갈등하는 팀원들도 있을 수 있다. '우리가 이런 일을 하려고 왔는가?' 하는 식의 불편함을 표현하는 경우다. 현지 사역자들도 이런 이야기들을 듣게 되면 마음이 어려워진다.

단기봉사에 참여하는 분들은 공급자 중심에서 수요자 중심의 사고를 가지고 접근해야 한다. 무슬림을 상대로 여름성경학교나 말씀집회와 같은 사역을 할 수는 없다. 당장 결과를 낼 수 있는 사역이 가능하지 않다면 다른 대안을 찾아 실천하는 것이 지혜롭다.

말레이시아를 방문하면서 선교사역자들의 사역 현실을 조금이나마 이해하게 되었다. 사역자들이 많지만 순수하게 무슬림들을 상대로 사역하는 분들은 예상 외로 적었다. 무슬림 대상 사역은 단기간에 어떤 결과를 성취하기가 어렵기 때문이다. 장기적인 계획을 가지고 조금씩 그리고 천천히 개인적 접촉을 하다보면 언젠가 복음 안에서 바뀌는 그들을 볼 수 있을 것이다.

기도사역은 복음사역의 기초를 세워주는 작업이다. 단기봉사 팀원들은 어려운 환경에서도 사역을 감당하는 사역자들을 따뜻한 마음으로 격려할 줄 알아야 한다. 기도는 손으로 만져지지 않지만 하나님의 능력을 체험할 수 있는 가장 좋은 영적 도구이다. 내가 아는 한 사역자는 내년도에 많은 성도와 함께 말레이시아를 방문해 기도하는 사역을 계획하고 있다. 그러나 먼저 사역에 참여하기 전에 현지를 방문해 볼 것을 권한다. 들은 것과 본 것은 크게 다르기 때문이다. 방문을 하게 되면 기도제목도 스스로 찾을 수 있다. 그리고 기도에 동참함으로써 자연히 그 민족과 국가를 향한 구체적인 사역에 관심을 갖게 된다. 또한 사역에 관심을 갖게 되면 분명히 하나님의 사역에 부담을 가지는 사역자가 나오게 될 것이다.

단기봉사 팀을 보내면서 사역 결과에 너무 치중하지는 않는가? 지역교회가 사역 결과를 요구할수록 무슬림을 상대로 하는 사역자들은 더 갈등하게 된다. 만약 파송교회에 와서 무슬림을 상대로 하는 사역자가 '저는 사역지에서 주로 기도생활을 하면서 지내고 있습니다. 현재까지 구체적인 사역 열매는 없고 씨 뿌리는 작업을 계속하고 있습니다. 한 명의 무슬림을 만나기 위해 애쓰고 있습니다.' 이런 보고를 해도 열매가 많은 다른 사역자들과 비교하지 말아야 한다. 이것은 현지 사역자들을 만나보면서 느낄 수 있었던 그들만의 간절한 바람이었다.

3 장 관광의 명암

여행 8일 차에 동남아의 저가항공으로 알려진 AirAsia항공을 이용해 쿠알라룸푸르를 떠나 태국의 제2도시인 치앙마이(Chiang Mai)로 향했다. 비행기 표는 인터넷으로 구입했는데, 국제선임에도 불구하고 지정 좌석이 없었다. 식사는 개인적으로 기내에서 구입해 먹어야 했다. 비행기 요금이 저렴하기에 서비스가 부족해도 승객들은 큰 불만이 없어 보였다.

치앙마이에서는 4일을 보낸 후 야간버스를 이용해 라오스로 이동했다. 치앙마이에 머무는 동안 도시 주변의 사역지들을 돌아보았다. 치앙마이는 선교지원 사역을 하는, 사역자들을 위한 선교 거점 도시이기도 하다. 그중 시내에서 상당히 떨어진 곳에서 살고 있는 고산족인 카렌족 마을을 방문했다.

비행기, 야간버스 그리고 야간열차로 세 나라를 이동했다. 짧은 기간 내에
여러 곳을 방문해야 했지만 현지 사역자들의 사역현장을 통해 하나님께서
일하시는 모습을 볼 수 있었다.

나중에 방콕(Bangkok)을 방문했는데, 방콕은 주변 국가와 연
결되는 중요한 교통요지로서 방콕을 연결해 라오스, 미얀마 그리고 캄보
디아를 방문할 수 있었다. 여행 29일 차에 태국 남부지역에서 열린 국제
선교회의를 참석한 후, 33일 차에 말레이시아의 큰 섬 페낭으로 갔다.

태 국(Thailand) 보 기

태국을 설명하려면 국왕과 절을 빼놓을 수가 없다. 또 이 둘은
따로 생각할 수도 없는 관계이다. 나라의 중요행사를 절에서 할 뿐 아니

라, 정치와 불교가 상당히 밀착되어 있다. 또 불교신자만이 왕이 될 수 있다. 태국 내 여러 지역을 다니면서 자주 눈에 띄는 것은 국왕인 푸미폰 아둔야뎃(Phumiphon Adunyadet)의 초상화 사진이었다. 태국인들은 거리에 있는 국왕의 사진에 대해 존경심을 표현한다. 태국인과 몇몇 외국인들에게 국왕에 대해 물어보니 국왕은 국민들로부터 절대적 신임을 받고 있다고 했다. 그는 정치적으로 실권을 갖고 있지는 않지만 국민들의 신임을 근거로 정치적인 영향력을 행사한다고 했다.

태국 주변을 둘러싸고 있는 나라들을 방문해 보면 태국이 동남아 국가들을 리드하는 나라임을 알 수 있다. 경제적으로 어려운 나라일수록 태국에 가서 직업을 구하기를 원하는 사람들이 많았다. 세계에서 태국의 위치가 선진국은 아니지만, 경제적인 면에서 주변 나라들에게 상당한 영향력을 끼치고 있었다.

태국은 관광의 나라다. 방콕 시내를 다녀보면 볼거리도 많지만 관광을 온 외국인들이 굉장히 많다. 낮에는 평범한 도로이지만 밤에는 노점상들이 도로에 야시장을 형성해 관광객들의 마음을 흔든다. 태국에 오는 관광객들은 연령층이 다양하다. 태국 여행의 시작점이자 마지막이 된다는 카오산 로드(Khaosan Road)에는 특히나 젊은이들이 많이 모인다. 또 방콕에는 차오프라야 강(Chao Phraya River)이 시내를 가로지르고 있는데, 이 강을 중심으로 대부분의 관광지들이 몰려있다.

태국을 이야기할 때 관광을 빼놓고는 이야기할 수가 없다. 태

국의 북부, 중부, 남부 그리고 수도권의 몇몇 지역을 돌아보았는데 관광자
원이 너무나 풍부했다. 그에 반면 자연환경 관리 면에서는 긍정적으로 보
이지 않았다. 쓰레기가 둥둥 떠다니는 강이나 시커먼 물이 흐르는 하천을
보니 국토 관리가 염려되었다. 마치 관광의 명암(明暗)을 보는 듯했다. 외
적으로는 화려하고 멋있을지 몰라도 내적으로는 자연이 죽어가고 있는 듯
했다. 지금은 태국이 관광 수입을 많이 올리고 있지만 곧 환경에 더 많은
관심과 투자를 해야 할 것이다.

　　　방콕에는 한인들이 많이 거주한다. 현지에서 발행되는 교민 잡
지를 보니 한인 사회의 규모를 대충 짐작할 수 있었다. 방콕은 국제화된 도
시로 외국인들에게 선교와 사업의 문호가 개방되어 있고, 외국인 자녀들
을 위한 교육환경이 잘 조성되어 있어서 자연스럽게 한인들이 많이 모이
게 된 것이다.

　　　방콕에는 또한 한인 사역자들이 많았다. 사역자가 많은 것은 환
영이지만 한 도시에 집중되어 있다면 이는 고려해 볼 필요가 있다. 현지에
서 만난 사역자에게 물어보니 정확한 수는 알 수 없지만 필리핀 다음으로
한인 사역자가 많다고 했다.

절(A Buddhist Temple)로　통한다

태국을 다니면 어디서든지 절을 볼 수 있다. 절은 태국인들의 삶

에 절대적인 영향을 끼친다. 전 국민의 95% 이상이 불교도인 것을 보면 알수 있다. 또 태국 국기는 세 가지 색깔로 구성되어 있는데, 붉은색은 국가를 위해 피를 흘린 사람들, 흰색은 불교를, 그리고 파란색은 왕을 상징한다고 한다. 국기만 보아도 태국에서 불교가 차지하는 비중을 알 수 있다.

많은 학교도 절에 소속되어 있다. 과거에는 학생들이 거의 절에서 공부를 했다고 한다. 하지만 요즈음은 학생들이 많아져서 절이 아닌, 절이 세운 학교에 학생들이 다닌다. 절이 학교를 소유하다보니 주지승이 학교의 이사장이 되고, 교내에서 불상을 보는 것이 그리 어렵지 않다.

절에는 유치원도 있다. 그곳에서는 특별히 가르친다기보다 아이들을 놀게 하면서 먹을 것을 준다. 태국에서 유치원 사역을 하시는 한 분은 자신의 경험담을 토로했다. 그는 현지에서 유치원 세 곳을 운영했는데, 두 곳은 문을 닫고 한 곳만 운영하고 있단다. 한 곳이 잘 운영되는 이유도 그 지역에 절이 없기 때문이라고 한다. 만약 현지 사역자가 운영하는 유치원에서 아이들에게 음식이나 과자를 주지 않으면 아이들은 먹을 것을 주는 절로 갈 수밖에 없다는 것이다.

태국에서는 20세 혹은 그 이상의 나이가 되면 우리나라에서 군대를 가듯이 남자들이 절에 가서 봉사를 한다. 보통 3개월 내지 6개월 정도를 절에서 보내는데, 이 기간 동안 매일 두 끼만 먹고 청소를 하거나 참선을 하면서 보낸다. 부모들은 기간이 길지 않고, 절에 가는 것을 남자들이 성인이 되는 한 과정으로 인식해 자녀들에게 권한다고 한다.

몇 년 전에 방콕을 방문했을 때 경험했던 일이다. 방콕 시내에 있는 차오프라야 강에 배를 타고 가면서 강 좌우에 많은 절들을 볼 수 있었다. 배를 타고 가다 절과 가까운 지점에 배가 잠시 멈췄다. 사람들이 준비한 식빵을 강에 던지니 순식간에 고기가 빵을 먹으려고 떼 지어 몰려왔다. 절에서 혹은 관광객들이 그 지점에서 먹이 주는 것을 알고 고기들이 그곳을 떠나지 않는 것이다. 나는 먹이로 인해 고기가 떠나지 않는 단순한 모습 속에서 잠깐이지만 생각에 잠겼다. 오늘날 교회는 세상을 향해 무엇을 주고 있는가?… 몇 년 전 왔었던 그 강을 다시 지나면서 여전히 많은 고기들을 보았다.

왜 치앙마이인가?

치앙마이는 사역자들에게 중요한 거점 도시이다. 그곳은 태국의 북부지역과 중국, 라오스, 미얀마 등과 같은 주변 국가에서 사역하는 사역자들을 지원하는 중심지 역할을 한다. 현지 사역자 자녀들이 많이 다닌다는 국제학교를 방문했다. 학생들 중에는 부모와 떨어져 기숙사 생활을 하는 학생들의 숫자도 적지 않았다.

국제학교는 사역자 자녀들을 교육시키기에 적합한 교육환경을 가지고 있었다. 학교교육 시스템도 좋고, 학비도 사역자들이 감당하기에 벅차지 않은 정도였다. 하지만 해외 사역지를 방문해 보면 모든 사역자들이 이런 혜택을 누리는 것이 아니어서 안타깝다.

나는 국제학교 주변을 돌아보았다. 그런데 큰 차이를 발견하였다. 미국의 한 교단의 경우에는 선교부에서 자체적인 기숙사를 운영하면서 학생들을 돌봐주고 있었다. 학생들을 돌보기 위해 전문적인 사역자를 파송해 돕고 있는 것이었다. 이에 반해 한인 사역자들의 자녀교육은 그 정도의 수준에 이르지 못하고 있었다. 그러나 감사하게도 한국의 한 지역교회에서 한인 사역자 자녀들을 위해 기숙사 건물을 구입해 이제 운영을 시작할 준비를 하고 있었다. 이런 선교 지원을 위해 교회들과 선교단체들이 힘을 모을 수 있기를 기대해 본다.

치앙마이에는 본부 혹은 지원 사역을 하기에 적절한 환경이 갖추어져 있다. 일단 사역자들에게 큰 부담이 되는 비자 문제를 해결하기가 비교적 쉽다. 또한 후방에서 전방 선교사역을 지원하기에 적절한 환경 요소를 구비하고 있다. 그리고 이 도시는 물건 구입의 편리, 교통, 안전, 저렴한 물가 등의 요소를 갖추고 있어 선교본부를 운영하기에 매력적인 지역이다.

치앙마이에 있는 동안은 우리 교회에서 파송한 사역자 댁에서 몇 일간 여장을 풀었다. 오랜만에 파송교회 소식을 나누면서 그 가족들과 좋은 교제의 시간을 가졌다. 지역교회가 사역자를 파송하고 사역지를 방문해 교제의 기회를 가질 때, 현지 사역자들에게는 큰 격려가 된다는 것을 다시 한 번 느꼈다.

한 국 형 ' 조 지 뮬 러 '

치앙마이에 도착한 다음 날 한 사역지를 방문했다. 그 사역지는 치앙마이에서 미얀마 국경 쪽에 위치한 작은 마을이었다. 그곳 사역자는 고아원을 운영하면서 고산족을 상대로 사역하고 있었는데, 미국에서 교육받은 1.5세로, 타이 여성과 결혼해 사역하고 있었다.

고아원 사역을 어떤 방식으로 감당하고 있을까?
어떤 아이들이 고아원에서 지낼까?

나는 이런 궁금증을 가지고 고아원을 방문해 현지 상황을 들으면서 태국 북부지역의 현실을 조금이나마 이해할 수 있었다.

태국에는 일반적으로 고아를 친척들이 맡아 키운다. 그렇지 않은 경우에는 절에서 맡아 키우기도 한다. 이런 사회적 환경에서 현지 사역자들은 실제 고아이거나 가정형편이 어려운 아이들을 데려다가 키우는 사역을 하고 있었다. 고아원 사역은 기본적으로 숙식을 제공하고, 학교를 보내고, 그들을 돌보고 양육하는 것이다. 내가 방문한 고아원에는 부모가 있지만 너무 가난해 공부를 할 수 없는 아이들, 에이즈에 걸렸거나 에이즈로 죽은 부모를 둔 아이들, 그리고 농약에 중독되어 죽은 부모를 둔 아이들이 생활하고 있었다.

고산족 사람들은 주로 동물 사료로 사용되는 옥수수 농사를 지어 연 250-500불 정도의 수입을 얻는다고 한다. 하지만 이렇게 적은 수입으로 자녀들을 도시로 보내어 공부를 시킨다는 것은 현실적으로 불가능하다. 그래서 그들은 가능하면 농사를 지으려고 하지 않고 또 산에서 살려고 하지 않는다. 젊은이들은 돈을 벌기 위해 도시로 나가 어떤 직업이라도 구하고자 한다.

부모들도 돈만 많이 벌어온다면 자녀들이 어떤 직업을 가져도 개의치 않는다는 분위기였다. 이렇게 젊은이들은 충분한 직업 교육을 받지 못한 상태에서 도시로 나가보지만, 도시에서 직업을 찾기란 쉽지가 않다. 그들 중 일부 여자 아이들은 도시에서 쉽게, 짧은 시간에 많은 돈을 벌기 위해 성매매를 하기도 한다. 한 달 수입을 하루에 벌 수 있다면 성매매도 개의치 않는 것이다. 그 결과, 그들은 성 관련 질병에 쉽게 노출되어 있다. 부모들의 잘못된 경제관으로 인해 자신들뿐 아니라 자녀들도 희생자가 되어가고 있다.

내가 만난 사역자는 고아들과 함께 지내면서 그들에게 교육 기회를 제공하고, 그리스도의 사랑으로 키우는 사실상 부모였다. 일정 중에 고아원에 있는 아이들과 함께 대화할 시간을 가졌다. 그들은 신앙으로 인해 자신들을 아무 조건 없이 지원해 주시는 분들에게 감사의 마음을 표현했다.

아이들이 언젠가 자신들의 고향을 방문해 고향 지역과 고아원에서의 삶의 환경 차이가 매우 크다는 것을 확인했다고 한다. '하루 세끼 밥을 먹고 학교에 다니는 것이 얼마나 고마운 일인가?' 라는 것이 그 아이들의 고백이었다.

나는 고아원을 방문하면서 고아원에 있는 아이들이 이런 사랑의 공급자가 바로 하나님이심을 깨닫기를 간절히 바랐다. 그리고 고아원 사역을 통해 아이들의 미래를 진심으로 염려하고 있는 현지 사역자야말로 한국형 '조지 뮬러' 가 아닌가 생각해 보았다.

카 렌 족 과 의   만 남

태국에는 20여 개의 고산족들이 있는데, 나는 현지 사역자와 함께 스물다섯 가정 정도가 모여 살고 있다는 카렌족 마을을 방문했다. 목적지까지 거리는 멀지 않는데 비포장도로라 길이 매우 험했다. 비가 올 때는 그 길을 다니기가 어려워 보였다. 나는 마음속으로 '약간의 홍수만 나도 카렌족들이 어떻게 생필품을 공급받을 수 있을까?' 염려가 되었다.

도로 뿐 아니라 그들의 생활 환경도 열악했다. 마치 옛날 19세기로 돌아간 듯 했다. 그런데도 그들은 자신들의 삶을 개선해 보려는 의지가 약해 보였다. 30분만 걸어 나가도 아스팔트의 현대문명이 있는데, 여전히 산 속에서 과거의 모습으로 살아가고 있었다.

고산족에게 계란 프라이는 고급 음식이란다. 그 이유는 계란을 도시에 나와야 구할 수 있기 때문이다. 그들은 주변에서 쉽게 구할 수 있는 채소를 먹고 산다. 종종 민물고기를 잡아 소금에 절여 한 마리를 모든 가족이 나누어 먹기도 한다.

한 번씩 단기봉사 팀이 마을을 방문하면 음식을 마음껏 먹을 수 있는 기쁨을 누린다. 먹는 것은 신앙과 무관하므로 불신자들도 초청하면 온다고 한다. 식사준비 시 밥은 카렌족 사람들이 준비하고, 반찬 특히 고기는 봉사 팀이 제공한다. 카렌족은 음식을 먹고 난 후, 단기봉사 팀이 주최하는 전도집회에 초청하면 보답하는 마음으로 참석을 한다. 단기봉사 팀과 함께하는 식사는 카렌족에게는 마을의 큰 잔치이자 마을 사람들을 한자리에 모으는 계기가 된다.

한 카렌족 가정을 방문했다. 대략 나이가 30대 후반으로 보이는 그 여성은 몸이 아파 우리를 만나는 것을 힘들어 했다. 약이 없는지 아파도 그냥 참고 있었다. 이들에게는 아프면 병원에 가야한다는 말이 사치스러웠다. 아무런 대책이 없는 것이다. 남편과 딸을 만났는데, 딸은 고아원에서 지내다 방학이 되어 잠시 집을 방문하였다고 했다.

카렌족 마을을 방문하면서 그들 스스로 지었다는 예배당을 가보았다. 복음이 그 땅에 들어가면서 카렌족의 신앙생활도 시작되었다. 언제부터인지는 모르지만 그들도 예배 처소에 대한 필요를 느꼈다고 한다. 하지만 그들의 능력으로는 교회를 짓는 것이 현실적으로 어려워 선교사의 주선으로 건축 재료는 지원받고, 짓는 것은 주민들이 직접 망치질, 못질하여 지었다고 한다.

나는 이 교회를 방문하면서 선교지에서 건축 사역을 어떻게 해야 하는가를 깨닫게 되었다. 아무리 경제적으로 힘들어도 노동과 재료에 조금이라도 현지인들의 노력과 참여가 있어야 한다는 것이다. 좋은 의도로 시작했어도, 만약 현지인들이 외부의 지원에만 관심을 갖게 된다면 의존감만 높아지기 때문이다.

1. 카렌족의 집. 저자가 방문했을 당시 사진에 나와 있는 아내는 몸이 아픈 상태였다.
2. 카렌족의 집 내부. 가운데는 부엌 혹은 음식을 조리하는 장소이며, 좌우편이 방이다.
3. 현지 사역자가 운영하는 고아원에서 지내는 딸이 방학을 맞아 잠시 집을 방문했다.
4. 외부의 지원과 현지인들의 노력 봉사로 세워진 교회.
5. 그곳에서 어른으로 통하는 카렌족 할아버지.

재 충 전 과   휴 식

치앙마이를 떠나 다음 행선지인 라오스로 가서 4일을 보내고, 야간열차로 다시 방콕을 방문했다. (라오스에 관한 내용은 4장에서 언급할 것이다.) 방콕에서는 모처럼 휴식시간을 가졌다. 동남아 여행을 시작한 지 벌써 2주가 지났다. 여행을 하면서 체력적으로 문제는 없었지만 다음 여행을 위해서 쉼이 필요했다. 하지만 나에게 쉼은 단순히 쉬는 것 이상의 의미를 갖고 있다.

방콕에 머무는 동안 미국남침례교단에서 운영하는 침례교 게스트 하우스(Baptist Guest House)에서 지냈다. 오랜만에 조용한 시간을 가질 수 있었다. 바쁘게 사역하셨던 예수님께서 "너희는 따로 한적한 곳에 가서 잠깐 쉬어라"(막 6:31)고 하신 말씀이 떠올랐다.

몇 일간 그곳에 머물면서 여러 나라에서 사역하시는 분들을 만났다. 식사를 함께 하면서 서로 선교에 관한 좋은 교제를 나눌 수 있었다. 함께 머문 이 게스트 하우스는 선교 정보를 교환하고, 사역자들간의 삶을 간접적으로 경험할 수 있는 좋은 장소였다. 이제 갓 사역을 시작하신 분, 사역지에서 안전 문제로 잠시 피해 오신 분, 휴가 중이거나 은퇴를 앞둔 분들, 다양한 상황과 환경에 처해 있는 분들을 만났다.

현지 사역자들은 타 문화권에서 사역을 하는 분들이다. 그들은 현지에서 여러 단계의 삶을 거치게 된다. 첫째는 일명 '허니문' 단계이다. 이것은 관광객과 같이 즐거움을 누리는 단계이다. 다음 단계는 '문화충

격'의 단계이다. 문화충격은 지금까지 살아왔던 것과는 다른 환경으로 인해 낯설음을 경험하는 단계이다. 예를 들어 은행에 돈을 맡기면 이자를 받는 것이 당연한데, 도리어 돈 보관료를 내야하는 경우를 경험하는 것이다.

문화충격 이후에는 '문화스트레스' 단계를 거친다. 이 단계는 선교지의 문화를 거의 다 알거나 이해는 하지만, 그 나라 사람이 되지 못하는 것이다. 이것은 한국 사람이 일본식 기모노를 입을 줄은 알지만, 그 옷을 입으면 왠지 불편함을 느끼는 것과 같다. 사역자가 현지에 머무는 동안 문화스트레스를 벗어나기란 쉽지 않다. 또 그들은 현지인들에게 계속 주어야 하는 입장을 유지하다 보면, 스트레스로 인해 탈진 상태를 경험하기도 한다.

나는 게스트 하우스에서 만난 분들을 통해 타 문화권에서 살아가는 사역자들의 삶과 고충을 간접적으로 느낄 수 있었다. 그들에게 평생 지속되는 문화스트레스를 고려한다면, 적당한 휴식과 재충전은 아무리 강조해도 지나치지 않는 것 같다.

선 교 환 경

방콕에 도착한 첫날 저녁, 세계 각처에서 사역하는 분들을 위해 집회가 열렸다. 강사는 미국에서 온 한인 목회자들이었다. 이 집회에 참석한 40여 명의 사역자들에게는 큰 격려의 시간이 되었다. 집회는 강사로 오신 한 목사님의 교회가 숙식과 기타 모든 비용을 기꺼이 담당해 주심으로 성사되었다.

사역자들은 현지인들에게 물질적으로, 영적으로 받는 입장이 아닌 대부분 베푸는 입장이다. 그렇다보니 영적으로, 체력적으로 소진될 수밖에 없다. 그들도 영적 재충전이 절대적으로 필요하다. 이런 필요를 알고 지역교회가 현지 사역자들을 위해 섬김을 실천한 것이다.

만약 여러 교회들이 지역이 중복되지 않게 골고루 현지 사역자들을 위해 영성집회를 섬겨 줄 수 있다면 그들에게 큰 격려가 될 것이다. 오지에서 이름도 없이 빛도 없이 묵묵히 사역하고 있는 분들에게 이 같은 영적 재충전의 시간이 많이 주어졌으면 하는 간절한 바람이다.

방콕 내에 위치한 침례교신학교를 방문했다. 서구 선교사가 처음 신학교를 시작했지만 지금은 현지인들에 의해서 운영되고 있었다. 하지만 자체적으로 예산을 확보해야 하는 문제 때문에 재정적으로 어렵다고 한다. 이 학교는 주변 국가들을 위해 중요한 역할을 감당하고 있었다. 주변 나라 중 사회체제 때문에 신학교를 운영할 수 없는 나라의 현지 사역자들이 그곳의 학생들을 이곳에 보내 신학 교육을 받도록 기회를 만들어 주고 있다. 그리고 신학 교육이 끝나면 본국으로 돌아가 목회 일선에서 사역을 감당하도록 한다. 서구 선교사들이 태국을 위해 시작한 신학교가 이제는 영역을 확장해 주변 국가의 사역자 양성을 위해 힘쓰고 있는 것이다.

수십 년 전부터 지금까지 방콕에서 사업을 하는 한 평신도를 만났다. 그분은 사업을 하면서 선교적인 마인드로 학교를 세우고자 하는 비전을 가지고 있었다. 학원사역을 통해 그곳에서 영적인 영향력을 끼치는 것이 그분의 소망이었다. 아직 결과를 내지는 못했지만, 언젠가 그 비전이 성취될 수 있기를 기대해 본다.

방콕 시내를 다니다 보면 절을 자주 볼 수 있다. 관광지가 거의 절이라 해도 과언이 아니다. 왕궁도 절이다. 즉 불교가 삶의 일부분인 것이다. 시내 중심가에 있는 '에라완 사당'(Erawan Shrine)을 방문했다. 이 사당은 불운을 막기 위한 신을 모신 사당이었다. 많은 사람들이 이곳에 와 향을 피우면서 자신들의 소원을 빌었다. 소원을 비는 동안 사당의 무희들이 태국의 전통적인 춤을 추고 있었다. 잠시 있는 동안에도 끊임없이 사람

에라완 사당 앞에서 소원을 빌고 있는 사람들.

들이 와서 자신들의 소원을 빌고 있었다. 무엇을 비는지는 모르지만 그들의 삶 속에 깊이 깃든 종교성을 볼 수 있었다.

불교가 절대적인 태국에서 선교 결과를 내는 것이 쉽지는 않을 것이다. 실제 태국 교회를 방문해 설명을 듣고 보니 선교 역사에 비해 교세가 매우 약한 편이었다. 나는 방콕에 있는 두 교회를 방문했다. 주일예배도 참석을 했는데, 개척한 지 몇 년 안 된 젊은 교회였다. 마침, 참석 당일 주일예배에 한인 사역자가 설교를 했다. 개척 이후, 교회의 지나온 과정을 들으면서 어렵기는 하지만 그래도 선교 열매가 조금씩 맺혀지고 있음을 들을 수 있었다.

두 가 지 예 화

방콕에서 열린 영성집회 중 강사 목사님 한 분이 설교 중에 들려주신 예화를 소개한다.

그분은 현지 사역자들이 더욱 하나님의 말씀을 읽어야 함을 강조하면서, 성경은 하나님의 연애편지라고 비유했다. 연애할 때 10페이지짜리 편지가 오면 오늘 한 페이지 읽고, 내일 세 페이지 읽고, 모레 나머지 편지를 읽는 사람들은 없을 것이라는 것이다. 편지가 오자마자 단숨에 장문의 편지를 읽는다. 또 더 읽고 싶은 마음에 편지를 다시 꺼내들고, 중요한 곳에는 줄을 치고, 어떤 부분은 그 의미를 생각하면서 곱씹어 읽게 된다.

강사 목사님은 하나님의 말씀이 바로 크리스천들에게 이러한 연애편지와 같다고 하시며, 말씀에 대한 열정도 연애편지를 읽는 심정이어야 한다고 강조하셨다. 사역자들이 일에 몰두하다보면 말씀 읽는 것에 소홀해지가 쉽다. 그러나 성경말씀은 하나님이 우리에게 보내신 연애편지이니 사랑의 마음으로 읽고 또 읽어야 한다는 것이다. 말씀을 읽으면서 하나님의 심정을 이해하고 그분의 말씀에 귀를 기울일 때 선교사역에 풍성한 열매가 맺히게 된다고 강조하셨다.

또 다른 말씀으로 사람이 하나님의 작품이라고 하시며, 상품과 작품을 비교하여 설명하셨다. 상품은 돈을 벌기 위해 만든 것으로 세월이 가면 그 가치가 떨어지지만, 작품은 철이 지났다고 버리지 않으며, 세월이 갈수록 그 가치가 더욱 커지게 된다. 작품 속에는 작가의 영성이 깃들어 있기 때문이다.

하나님이 사람을 창조하실 때 상품의 개념이 아니라 작품으로 만드셨다는 것이다. 생각할수록 얼마나 감사한 일인가? 사역자들이 현지인들과 항상 좋은 관계를 유지해 나가는 일은 쉽지가 않다. 그들이 타 문화권에서 문화스트레스를 겪으며 사역한다는 것은 많은 어려움이 뒤따른다. 그러나 현지 사역자들이 작품을 만드는 예술가의 심정으로, 하나님이 우리를 지으실 때 가지셨던 그 마음으로 선교를 하게 된다면 세월이 지나면서 그 가치는 놀랍게 나타날 것이다.

설교에서 선교사들은 많은 격려를 받았다. 타 문화권에서 겪는 어려움을 뛰어넘을 수 있는 힘이 바로 말씀이었다. 말씀으로 격려를 받고 보니 선교사들의 마음이 이전보다는 훨씬 가벼워진 것 같았다.

혼 자 오 셨 어 요 ?

방콕에서는 다음 여행지인 미얀마를 가기 위한 비행기 표 구입과 비자 받는 일을 준비하고 시내를 돌아보았다. 시내를 다닐 때는 버스나 택시, 지하철, 배와 같은 대중교통을 이용했다. 도시가 잘 정리되어 있어 지도만 있으면 어디든지 갈 수 있었다. 시내 중심가에 위치한 관광지의 경우에는 거의 걸어서 다녔다.

방콕의 3월은 매우 덥다. 더운 날씨에도 불구하고 걸어 다닌 것은 태국 시민들의 삶을 가까이서 보고 싶었기 때문이다. 곳곳에서 생활의 활기가 넘쳐났다. 사람들은 관광객들을 상대로 여러 종류의 물건을 팔려고 애를 쓰고 있었다.

방콕 시내를 다닐 때는 현 국가의 혼란스런 정치 상황을 보여주듯 여기저기서 총리 사임을 요구하는 데모가 연일 일어나고 있었다. 나는 그것을 보면서 태국 사람들은 어떻게 데모하는가를 알고 싶었다. 그래서 태국에서 1980년대 후반부터 1990년대 초반에 잇달아 일어났던 쿠데타에 대항해 민주화 항쟁을 이끌었다는 탐마쌋 대학(Thammasat University)을 방문했다. 내가 그 학교를 방문했을 때는 직접 반정부 데모

현장을 볼 수는 없었다. 그렇지만 현지인들을 통해 반정부 데모에 대한 분위기를 알 수 있었다. 대부분의 지식인들은 정부에 대해 반감이 높았다.

결국 내가 귀국한 지 몇 개월 후에 태국의 어지러운 정치 상황은 쿠데타로 결론이 났다. 탁신 총리가 유엔총회 참석차 뉴욕에 머물고 있을 때인 2006년 10월 19일, 쿠데타가 일어나 정권이 바뀌게 된 것이다.

볼거리가 많은 방콕을 다니면서 관광지와 식당에 가보면 한국인들을 쉽게 만날 수 있다. 처음 본 사람들일지라도 같은 한국인이라는 이유 때문에 서로 기쁘게 인사를 나누었다. 한국인들을 만나면서 공통적으로 나에게 질문하는 것이 있었다.

"혼자 오셨어요?"

"네, 저는 목사인데 안식년을 맞아 선교지를 방문하던 중에 지금은 방콕에서 며칠 간 머물고 있습니다."

이것이 질문에 대한 나의 구체적인 답변이었다. 대화를 하다 보면 질문의 뉘앙스가 그렇게 좋지 않다는 것을 느낄 수 있다. 나중에 알고 보니 신문에서 종종 읽을 수 있을 법한, 관광지인 태국에서 일어나는 좋지 않은 일과 연관지어 일종의 색안경을 끼고 던진 질문이었다. 자녀들은 학교에 다니고 있고, 아내는 자녀들을 돌봐야 하는 가정형편상 마음은 있지만 부부가 함께 여행에 동행하지 못한 것이 안타까울 뿐이었다. 이런 질문을 받으면서 조심스럽게 여행을 해야겠다는 마음의 각오도 한편 하게 됐다.

4장 생활 속의 불교

치앙마이의 다음 행선지는 라오스였다. 라오스를 가기 위해
서 야간버스를 타고 태국의 국경도시인 농카이(Nong Khai)에서 가까
운 우돈타니(Udonthani)라는 도시로 갔다. 밤 8시에 떠난 버스는 다음
날 아침 8시에 도착했다. 그곳에서 미리 연락된 분을 만났다. 우리는 필
요한 물건을 잠시 산 후, 농카이를 거쳐 라오스의 수도인 비엔티안
(Vientiane)으로 갔다. 우돈타니에서 쇼핑을 한 것은 라오스보다 물건
구입 환경이 훨씬 좋기 때문이다. 양국의 출입국 사무소는 농카이에 있
는 메콩 강을 가로지르는 우정의 다리를 사이에 두고 양쪽에 있었다. 라
오스에서의 일정을 마친 후 다시 농카이에서 출발하는 야간열차를 타고
방콕으로 갔다.

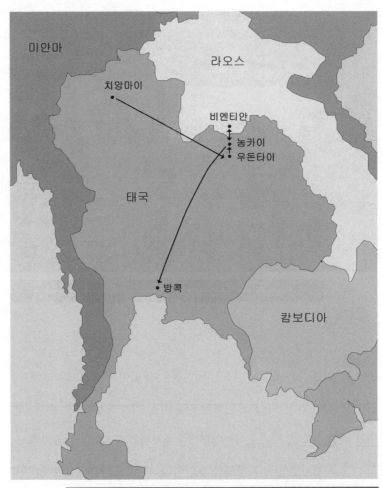

미얀마

라오스

치앙마이

비엔티안

농카이

우돈타이

태국

방콕

캄보디아

태국의 국경에 위치한 우돈타니와 농카이는 라오스인들이 쇼핑을 위해 많이 방문하는 도시이다.

라 오 스 ^(Laos) 보 기

라오스 국경에 도착해 비자를 받았다. 처음 방문했던 5년 전에

는 미리 비자를 받아왔었는데, 국경에서 일정한 수수료만 내면 바로 비자

비자를 받고 라오스 국경을 넘기 직전.
국경세관을 둘러보면 태국에서 물건을 구입해 라오스로 넘어오는 사람들이 무척 많다.

를 받을 수 있다는 사실을 알고는 이번엔 비자 없이 국경에 도착했다. 국경에 도착한 날이 마침 토요일이라 원래 비용 30불에 1불을 더 추가하여 비자 비를 냈다. 처음 라오스를 방문했을 때보다는 국경이 많이 분주했고, 국경 통과 절차도 많이 간편화된 것 같았다. 한 번 국경을 통과한 경험이 있어서인지 택시처럼 사용되는 '뚝뚝'이 낯이 익어 보였다.

　　라오스에 거주하는 민족들은 크게 셋으로 구분된다. 이들은 주로 고지대에 사는 라오 쑹족(Lao Sung), 중간지대에 사는 라오 퉁족(Lao Theung), 그리고 저지대에 사는 라오 룸족(Lao Loum)이 그들이다. 그 외에도 거의 일백여 개의 종족들이 살고 있다. 특히 고지대에 살고 있는 몽족은 그 대표적인 종족이다. 이들은 베트남전과 관련해서 미군들에게 정보를 제공한 것으로 알려져 라오스 내에서도 핍박받는 종족이다. 현재는 많은 사람들이 미국과 캐나다로 이주해 라오스 내에서는 그 숫자가 많이 줄어든 상태이다.

라오스 사람들은 느긋하고 거의 화를 내지 않는다. 시외버스를 타고 가다가 승객이 요청하면 어느 곳이라도 세워준다. 버스가 가는 도중에 개인 용무로 잠시 차를 세워도 승객들 중 어느 누구도 불평하는 사람이 없다.

또 라오스는 내륙국가로서 없는 게 많다. 일단 교통 수단 중에 철도가 없고, 태풍, 지진, 눈이 없다. 자연재해는 간접 영향을 받을 뿐 직접적인 영향을 받는 일은 거의 없다고 한다. 이런 자연환경으로 인해 라오스 사람들은 자연에 대한 경각심이 거의 없는 편이다.

그리고 그들은 웬만하면 삶의 스타일을 바꾸려고 하지 않는다. 그들 사회는 거짓말이나 뇌물에 대해 심각성을 가지지 않고 그 자체를 당연하게 받아들이는 분위기이다. 그들은 어떤 일을 성취하려는 의욕도 크지 않다. 열정이 부족하니 새로운 문화 창조의 가능성도 낮다. 불교 문화를 발달시킨 것은 큰 자랑거리이지만 그 외의 것들은 크게 눈에 띄는 것이 없다.

라오스인들은 소위 3D(Dirty, Dangerous, Difficult)업종에서는 일을 하지 않으려고 한다. 예를 들면 도로공사와 같은 힘든 일은 거의 베트남 사람들이 하게 하고 그들은 가능하면 쉬운 일을 한다는 식이다.

　　　　수도인 비엔티안의 대부분 중요한 상점들은 태국인, 중국인, 베트남인 등과 같은 외국인들이 운영하고 있다. 왜 라오스인들은 적극적으로 경제활동을 하지 않을까? 그것은 그들이 가난을 숙명처럼 받아들이고, 자신의 처해진 상황에 도전하려는 의지가 약해진 데서 온 결과 같았다.

　　　　서양의 경우는 기독교의 영향을 받아서 그런지 도전의식이 강하다. 성경에 '땅을 정복하라', '움직이는 모든 생물을 다스리라' (창 1:28) 는 말이 나오는데, 이것은 바로 하나님 편에서 나온 도전의식을 잘 나타낸다. 바울은 전도여행을 통해서 미지의 세계에 복음으로 도전했다. 대부분의 라오스인들이 성경에 나타난 이런 의미와 표현을 지금은 모르지만, 언젠가 그들이 하나님의 말씀을 알 수 있는 날이 속히 올 수 있기를 기대한다.

　　　　여행 중 글을 쓰기 위해 라오스의 PC방을 이용했다. 그곳 PC방에서 초고속 인터넷 선을 끌어들이는 데, 대략 한 달에 미화로 500불 정도의 사용료를 지불한다고 했다. 라오스에서는 엄청나게 큰 액수다. 나도 그곳에서 인터넷을 1시간 30분 사용하고 현지에서 꽤 큰 돈인 1불을 지불했다. 현지에서 만난 사역자는 집에서 56k 모뎀을 사용하는데도 월 50불 정도의 사용료를 지불한다고 한다.

　　　　라오스는 국민소득이 연 300달러 내외로 세계 최빈국에 속한다. 이러한 경제 수준을 고려한다면 인터넷 보급이 일반화되기에는 아직 길이 멀어 보였다. 그러나 인터넷은 국가의 경제 수준을 넘어서 전 세계를 연결하는 중요한 도구이다. 내가 PC방을 찾았을 때 손님들 대부분이 외국인들이었다. 그러나 시간이 지나면 라오스에도 인터넷 사용자가 점점 늘어갈 것이다. 현재는 비싼 비용으로 사용자가 적지만 말이다.

한 국 식 　 불 고 기

　　도착 첫날 저녁식사를 하러 식당에 갔다. 이 식당은 현지인들에게도 유명하지만 한국인들이 비엔티안에 오면 꼭 한 번쯤 들르는 곳으로 잘 알려져 있다. 함께 동행한 분이 식사를 주문하면서 웨이터에게 '한국식 불고기'라는 메뉴를 주문했다. 한국말을 할 줄 모르는 웨이터에게 한국말로 주문하는 것이 이상하여 물었더니 음식 이름이 '한국식 불고기'라고 설명해 주었다.

　　그 음식의 유래에 대해서 들어보니, 베트남 전쟁이 한창일 때, 베트남에 한국식 불고기를 하는 식당이 있었는데 당시 베트남인들에게 그 음식이 널리 알려졌다고 한다. 베트남전이 끝난 후, 그 이름을 그대로 어떤 분이 라오스로 가져와 식당을 열고 그 음식을 메뉴화시켜서 지금에 이르고 있다는 것이다.

　　불고기를 요리하는 방법이나 맛이 거의 한국에서 먹는 것과 차이가 없었다. 식사를 하면서 주변을 돌아보니 손님들 대부분이 라오스인들이었다. 문득 5년 전의 일이 생각났다. 그때 현지 사역자와 함께 시내를 돌아보다 점심식사를 위해 식당에 갔다. 식사는 한국의 칼국수와 비슷했다. 그때 우리 일행의 차를 운전해 주던 기사에게 함께 식사를 하자고 했다. 그런데 그분이 식사를 하지 않겠다는 것이다. 우리가 식사 비용을 낼 테니 식사를 하자고 해도 끝까지 거부하는 것이다. 왜 우리와 함께 식사하지 않으려고 하는지 통역을 통해 물었다. 그분의 대답은 의외였다. 식사 비용이 미화 1불 정도였는데, 그 정도로 비싼 음식을 자신은 먹을 수가 없다는 것이다. 당시 우리 일행은 맛있고 값싸다고 생각한 음식이 라오스인에게는 정반대로 비쳐진 것이다. 라오스인들의 한 달 평균 수입이 20-25불 정도라는 점을 고려해 볼 때, 운전기사에게 1불짜리 식사는 한 끼를 위해 한 달 수입의 1/20을 쓰는 것과 마찬가지였던 것이다. 단순한 한 끼 식사지만 그들의 눈높이를 생각지 못하고 우리의 입장에서 생각한 결과였다.

선교지를 방문하다보면 종종 실수를 하게 된다. 방문자들에게는 아무것도 아닌 것처럼 보이지만 현지인들은 전혀 다른 가치를 부여한다. 무엇보다도 선교지에서는 현지인들의 문화를 존중하고 그들의 입장에 서서 다시 한 번 신중하게 생각하고 행동해야 한다.

생 활 공 간 이 된 절(A buddhist temple)

불교국가인 라오스에 절이 많은 것은 당연하다. 국민들의 종교를 구분해 보자면 75%가 불교이고, 20% 정도는 잡신을 섬기는 정령숭배

자이고 1% 정도가 기독교라고 한다.[5] 종교 분포만 보아도 절은 라오스 사람들의 삶 가까이에 있음을 알 수 있다. 라오스에서 관광을 한다는 것은 절을 구경하러 간다는 것과 마찬가지다. 관광자원에 절이 다수를 차지할 만큼 불교의 영향이 크다.

절을 방문해서 절 내부의 공간을 살펴보았다. 절은 크게 불당, 신학교(스님들이 공부하는 곳), 생활 처소(스님들이 사는 곳), 학교(학생들이 수업을 받는 곳), 운동장(아이들이 뛰어놀 수 있는 공간), 석탑(죽은 사람의 뼛가루를 넣어 두는 곳) 그리고 화장터로 되어 있었다.

라오스의 절은 사람들의 실제 삶과 밀접하게 연관되어 있으면

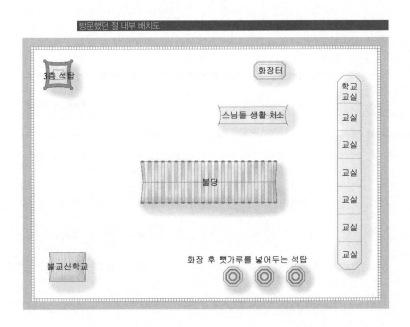

방문했던 절 내부 배치도

5 이 통계는 현지 사역자와의 인터뷰를 통해 나온 수치이다.

서 동시에 종교의 역할을 담당한다. 라오스인들은 아침마다 시주를 위해 집을 찾아오는 스님들을 만나면서 하루일과를 시작한다. 그리고 아이가 태어나면 축복을 받기 위해 제일 먼저 절에 데리고 간다. 절은 또 아이들의 놀이터이다. 절에는 스님들이 교사로 가르치는 학교가 있어 학생들이 절에 있는 학교를 다닌다. 또 사람이 죽으면 절 화장터에서 화장을 한 후, 그 뼛가루를 절 내에 있는 석탑에 넣어 둔다. 절은 그들의 삶의 처음이자 마지막인 셈이다.

스 님(A buddhist priest)들 은   어 떻 게   살 까 ?

절을 방문해서 몇몇 스님들을 만났다. 두 군데서 스님들과 함께하는 시간을 가졌는데, 그들과 처음 만났을 때 어떻게 대할지 몰라 어색해 하는 나에게 그들은 친절하게 대해 주었다. 대화 중에 여러 질문을 주고받았다. 함께 사진을 찍자고 하니 외국인인 나에게 거리낌 없이 응해 주었다.

여느 불교국가와 마찬가지로 라오스 젊은이들도 한국 젊은이들이 군대 가듯이 얼마 동안 절에 들어가 사는 시간을 갖는다. 저자가 만난 젊은 스님도 그런 분 중에 한 분이었다. 그분은 절에서 나간 후 회사에 취직하길 원했다. 절은 언제든지 떠날 수 있는데 그것은 개인의 결정에 달려 있었다.

1. 절에서 만난 젊은 스님 라오스 젊은이들은 군 입대처럼 절에서 일정기간 보내는 것을 당연히 여겼다.
2. 현지에서 만난 스님과 함께
3. 부처의 가슴에 웬 돈이!

　　절을 방문했을 때 그곳에서 생활하는 스님들의 하루 일과를 물어 보았다. 그들은 매일 짜인 일정에 따라 지내는 수도사적인 삶을 살고 있었다. 그들의 일반적인 하루 일과는 다음과 같다.

3:30 am　　기상

4-4:30 am　예불

　　　　　　예불 후 청소를 하고 동네에 다니면서 시주

6:30 am　　받아온 시주로 아침식사

8:00 am　　학교에 감. 불교에 관해 오전 3시간 동안 공부

11:00 am	점심
12:30 pm	오후 3시간 동안 공부
	학교에서 돌아와 목욕, 빨래 등 개인적인 용무를 봄
6-6:30 pm	예불
	이후에는 개인 공부 혹은 휴식을 하면서 지냄
10:30 pm	취침

보통 12살이 되면 절에 들어갈 수 있다. 이들은 대략 4년 정도 절에서 지내다가 집으로 돌아간다. 스님들의 하루 일과를 들으면서 먼저는 스님들이 매우 일찍 일어나는 것에 놀랐다. 그들이 오전 6시 30분에 아침식사를 하려면 음식을 만드는 분들은 그보다 더 일찍 음식을 준비해야 한다. 또 젊은 스님들이 어린 나이에도 불구하고 하루 5시간 정도밖에 잠을 자지 않고 견디는 것이 놀라웠다.

선 을   행 하 는   사 람 들

라오스인들은 일상생활에서 직접적인 불교의 영향을 받고 있다. 그들은 가난하게 살아도 전생을 이유로 가난하게 사는 그 자체를 운명으로 여긴다. 없으면 없는 대로 살면 된다는 것이다.

불교에서 가장 중요하게 여기는 것은 바로 선을 행하는 것이다.

동남아의 여러 불교국가에서 쉽게 볼 수 있는 것 중에 이른 아침 스님들이 시주를 위해 집집마다 다니는 광경이다. 주민들은 그들에게 밥을 주거나 도움을 줌으로 선을 행한다고 생각한다. 그들은 오직 선만 행하면 된다고 생각하는 것 같았다. 그 결과 주민들은 아침마다 시주하러 다니는 스님들에게 밥을 주는 것이 중요한 일과가 되었다.

스님들은 아침 시주로 밥과 반찬을 얻는다. 국은 운반의 어려움 때문에 시주를 하지 않는다. 하지만 가끔은 사람들이 친히 국을 절에 갖다 주기도 한다. 라오스인들이 생활 속에서 절과 스님들을 위해 얼마나 열심인가를 알 수 있다.

이들에게 고아를 돌보는 것도 선을 행하는 것 중의 한가지이다. 고아들은 우선적으로 친척에게 맡기운다. 만약 친척이 맡을 수 없다면 아이들은 절에 가서 살게 된다. 고아 문제를 자연스럽게 해결하는 것이다. 이런 사회적인 현상은 선을 행해야 한다는 불교적인 의식에서 기인한 것이다.

교 수 거 야 ? 학 생 거 야 ?

전국에서 수재들이 모인다는 종합대학을 방문했다. 대부분의 학교 건물들은 일본에서 무상으로 지어준 것이다. 몇 년 전에 일본 총리가 학교를 방문해 여러 건물을 짓도록 지원해 주고, 학생들을 일본 내 유학생으로 받아줘 현재까지 일본과의 좋은 관계를 유지하고 있다고 한다. 이들은 해외에서 자주 무상 지원을 받아서 그런지 어떤 일을 할 때, 그것이 무상인지 아닌지를 묻는다고 한다.

처음 이 학교를 방문했을 때 중앙도서관에는 책이 별로 보이지 않았다. 도서관은 공무원들의 근무시간에 맞추어서 열고 점심때는 문을 닫았다. 사실 도서관이 학생들을 돕기 위해 존재하는데 그렇지 않다는 인상을 받았다. 운동장에도 차가 몇 대 보이지 않고, 학교 구내매점도 가게라고 하기엔 너무 초라하게 보였었다.

두 번째로 방문하면서 지난 5년 동안 학교가 많이 바뀐 것을 보고 놀랐다. 일단 매점에 가니 청량음료를 사 마시는 학생들이 많이 있었다. 라오스인들의 평균 수입을 고려하면 매점에 가서 음료수나 아이스크림을 사 먹는 것도 부담이기 때문이다. 더욱더 놀란 것은 캠퍼스 곳곳에 주차된 차들이었다. 처음 주차된 차를 보고 나는 교수들의 경제력이 좋아졌다고 생각했다. 그런데 차의 주인에 관해서 듣고 보니 그것이 아니었다. 그 차들은 교수들 것이 아니라 학생들 것이라고 했다. 라오스에도 개방의 바람이 불면서 경제 능력이 월등한 사람들이 생겨난 것이다. 신흥 부자들의 출현으로 인해 자가용족 학생들이 학교에 차를 몰고 와서 청량음료를 마시며 공부를 하고 있었다. 그에 반면 교수들의 월급은 이전과 별 차이가 없었다.

방문한 대학의 학생들 중 거의 반 정도가 영어를 전공하기 원하는 학생들이었다. 영어를 잘하면 졸업 후 사회 진출을 할 때 큰 도움이 된단다. 학교에서 외국인들을 몇 명 만났다. 그들은 라오스인들을 위해 자원봉사로 비정부기구(Nongovernmental Organization, 이하 NGO로 표기)를 통해 온 영어교사들이었다. 그들이 이곳 학교에서 봉사할 수 있는 것은 바로 그들이 깨달은 복음에 대한 부담 때문이었다. 그들은 자신들의 생을 통해 하나님으로부터 받았던 사랑을 라오스인들에게 나눔으로써 그리스도의 사랑을 실천하고 있었다.

환 경 을   넘 어 서

누구든지 타문화 권에서 살려면 상당한 어려움을 각오해야 한다. 라오스를 여행하는 중에 조류독감이 돌고 있었다. 매스컴을 통해 조류독감이 얼마나 무서운가는 익히 알고 있었다. 그래서 음식을 먹는데도 조심스러웠다. 독감이 사람에게 감염될 수 있다는 가능성 때문이었다.

마침 현지 사역자 댁에서 식사를 하면서 다음과 같은 이야기를 들었다.

"오늘 아침에 조류독감에 감염된 닭장의 닭들이 다 죽었어요."

"저기 빈 닭장을 보세요."

일단 조류독감에 감염되면 닭들이 모두 죽는다. 그 사실을 증명이라도 하듯 그분의 집에 있는 한 닭장의 닭들이 다 죽었다. 한마디로 끔찍했다. 어느 누구도 이런 조류독감이 유행하는 끔찍한 곳에 살려고 하지 않을 것이다. 그러나 내가 만난 현지 사역자는 어려운 상황을 잘 극복해 가고 있었다. 사역자들이 선교지에서 산다는 그 자체만으로도 무척 존경스러웠다.

조류독감이 건강에 관한 것이라면 사역지에서 또 다른 난관은 바로 자녀교육이다. 일반적으로 회사에서 직원을 해외에 파견할 때는 자녀교육 지원에 대한 책임도 진다. 하지만 복음을 위해 해외에 나온 사역자들에게 현실은 회사에서 파견된 직원들과는 그 상황이 다르다. 물론 일반 회사처럼 자녀교육 지원이 이루어질 수도 있지만, 그것은 특별하거나 예외적인 경우이다.

라오스에서 사역 중인 분들의 자녀교육 환경은 이전에 방문했던 치앙마이와는 크게 비교가 되었다. 영어를 사용하는 국제학교가 있기는 하지만 학비가 매우 비싸다. 중국어나 프랑스어를 사용하는 학교는 비용면에서 저렴하지만 언어의 효용성과 장래성 때문에 약간은 부담이 된다. 자녀들을 학교에 보내지 않고 부모가 집에서 직접 가르치는 홈스쿨링(Home schooling)도 사역에 대한 시간적 부담과 경험 부족의 어려움이 있다. 또한 자녀들을 현지인 학교에 보내는 것도 쉬운 결정이 아니다. 하지만 자녀들을 가르쳐야 하지 않겠는가? 이것은 취학연령 자녀들을 둔 현지 사역자들의 공통적인 어려움이다.

내가 만난 사역자는 자녀들을 불어를 쓰는 학교에 보내고 있었다. 영어를 사용하는 국제학교에 보낼 여건이 허락되지 않아서이다. 어린 자녀를 다른 도시로 보내는 것도 여의치 않다. 사역지 내에서 현실적으로 가능한 결정이 바로 프랑스 학교였다.

현지 사역자 자녀들이 부모로부터는 한국어를, 학교에서는 프랑스어를, 그리고 부모 혹은 선교지의 환경을 통해서는 영어를 배우게 되는데, 언젠가 이들이 배운 여러 언어를 통해 하나님께 귀하게 쓰임 받을 줄로 믿는다.

사역자 자녀들이 자라서 학교를 졸업하고 취직을 할 때 그들의 성장배경이 장점으로 작용할 것이다. 요즈음 많은 기업들이 다국적기업의 성격을 띠고 있다. 이러한 다국적기업에서 일하는 직원들은 해외로 파견 근무를 나갈 가능성이 높기 때문에 해외 파견을 고려해서 직원을 뽑는다면 사역자 자녀들은 좋은 인재들이다.

그들은 이미 타문화에 대한 적응 능력이 있고, 외국어 실력도 갖추고 있어 회사에 여러모로 도움이 될 수 있다. 사역지에서 교육 환경 때문에 어려워하는 분들이 있다면 본인에게 주어진 환경을 최대한으로 활용하면서, 하나님의 계획을 기대하며 자녀를 양육할 때 좋은 열매를 얻을 수 있을 것이다.

변 함 없 는 교 회 수

라오스는 법적으로 종교의 자유가 있다. 그러나 자유의 개념이 특별하다. 다른 사람에 의해서 전도된 것은 자유를 침해당한 것으로 여긴다. 단지 자기 의지에 의해서 스스로 신앙을 가져야 종교적 자유를 누린다고 주장한다. 이는 성경에 "전파하는 자가 없이 어찌 들으리요"(롬 10:14)라는 말씀을 진실로 모르는 데서 오는 소치다.

외국인에게는 자기가 보는 성경을 가지고 읽어 줄 수 있지만, 라오스인에게 성경을 읽어주거나 알려주는 전도를 해서는 안 된다. 처음 라오스를 방문했을 때 당시 30여 명의 크리스천들이 투옥되는 일이 있었다. 투옥 이유는 다양했다. 가정예배를 드린 경우, 교회가 아닌 곳에서 성경이야기를 한 경우, 성경을 배포한 일, 태국에 가서 크리스천을 만나 교육을 받고 온 경우 등과 같은 이유였다. 이런 경우 대개 1년 이상 투옥된다. 당시에 목회자도 3명이 투옥되었다. 그들은 국가전복죄 즉 이상한 종교를 퍼뜨려 나라를 혼란스럽게 만들었다는 죄목으로 감금되었다. 그 이후 종교 상황이 어떻게 변했을까?

라오스를 두 번째 방문하면서 현지 교회에 대한 기대와 관심이 컸다. 그러나 기대와 달리 종교 상황이 예전과 크게 다르지 않았다. 주일 예배에 참석했을 때 예배 중 광고 하나가 시선을 끌었다. '모임을 마치고 오후 ○시까지 종교사회안전부에서 나와 어떤 이야기를 할 예정이니 모든 교인들은 ○○교회로 가시기 바랍니다.'

이 광고가 현지인들에게는 단순한 광고로 들릴지 몰라도 나에게는 매우 크게 다가왔다. 예배 중에 라오스의 현재 종교 상황을 약간은 이해할 수 있는 대목이었다. 여전히 국가에서 교회와 크리스천들에게 막강한 영향력을 행사하고 있는 것이다. 이러한 특별한 자유의 개념으로 신앙의 자유를 묶어두고 있는 환경에서 교회를 개척한다는 것은 상상하기도 어려운 실정이다.

라오스 교회는 전체적으로 어려운 상황이다. 정식으로 목사안수를 받은 분이 적고, 정부의 박해와 직접적인 전도의 어려움뿐 아니라 예배에 참석해 보니 신앙교육을 위한 교재가 거의 전무한 상태였다.

그러나 예배 열기는 매우 뜨거웠다. 에어컨 고장으로 선풍기만 돌고 있어 실내가 더웠지만 그들의 찬양, 말씀 그리고 기도에 분명 힘이 있

주일예배를 마친 후 예배드렸던 장소에서 성도들이 나눌 점심식사를 준비하고 있다.

았다. 목사님은 설교에서 한국교회의 성장과 신앙 스타일에 대한 예화를 들었다. 설교에서 언급되는 한국교회에 관한 내용을 들으면서 현지에서의 한국인과 한국교회의 역할을 기대해 보았다.

예배 중 헌금시간에는 헌금 바구니를 색깔로 구분해서 두 종류의 헌금을 거두었다. 앞뒤 양쪽에서 파란색과 빨간색으로 구분해서 헌금을 넣도록 했다. 한쪽 헌금은 교회 밖의 사역을 위해서 사용되는 헌금이고, 다른 쪽 헌금은 교회 내 사역을 위해 드리는 것이라고 했다. 교회가 사회적인 제약 속에 운영되고 있지만, 사회를 향한 관심도 버리지 않고 있음을 헌금을 통해 알 수 있었다.

선 교 가 능 성

신앙생활에 제한이 많은 라오스의 선교 전망은 어떨까? 한마디로 선교의 가능성은 높은 것으로 평가된다. 그러나 실제 복음을 전할 경우 어려움이 따르는데, 현재 라오스에서 복음을 알게 하는 방법이 몇 가지가 있다. 스스로 복음을 깨달아 교회에 찾아가는 것, 외국에서 복음을 받아들이고 교회를 출석하는 방법, 그리고 몰래 전도하는 방법 등이다.

라오스 사람들을 전도하기 위해서는 개인적인 관계를 형성하는 것이 중요하다. 현지 사역자들은 입을 모아 개인적 관계 위에 복음을 받아들일 가능성이 높다고 말한다. 그러나 무엇보다 중요한 것은 성령께서 이 나라를 움직여 주셔야 한다. 눈물로써 기도하고, 가까운 미래에 복음에 열린 나라를 위해 준비하는 지혜가 필요하다.

놀랍게도 라오스 고지대에 사는 대표종족인 몽족의 경우에는 종족의 거의 반 이상이 복음을 듣고 교회를 다닌 경험이 있다고 한다. 아마도 이름모를 사역자의 피땀어린 수고와 헌신의 결과일 것이다. 그리고 만약 라오스에 복음을 전할 수 있는 길이 열린다면 그때 몽족 사람들이 큰 역할을 할 수 있을 것이다.

처음 라오스를 방문했을 때 경험했던 일이다. 현지인과 함께 여행을 하면서 우리 일행은 우리가 크리스천이라는 것을 밝히고 처음부터 대화를 나누었다. 그런데 뜻밖에도 그분은 우리에게 자신도 크리스천이 될 수 있는가를 질문해 왔다. 물론 가능하다고 대답했다. 그는 크리스천이 되는 것은 서구 사람들만이 가능하다고 생각을 했단다. 이렇게 복음을 공개적으로 전할 수 없는 나라에서도 뜻밖의 기회를 통해 복음을 전하고 전도의 열매를 거둘 수 있음을 보았다.

이번 여행 중 현지에서 사역하는 몇 분을 만났다. 대부분이 공개적으로 사역할 수 있는 상황이 아니었다. 그들은 주로 교육 사업을 통해 교육적인 유익을 주면서 현지인들에게 가까이 다가가는 사역을 하고 있었다. 교육 사업은 현지 젊은이들을 만날 수 있는 기회를 만들 뿐 아니라 분교 형식으로 지방에 진출할 수 있는 장점이 있다. 이것은 실질적인 선교적 접근이 가능한 방법이었다.

현지 한인사회에도 큰 변화가 있음을 알게 되었다. 그것은 한인교회가 생긴 것이다. 한인교회로 인해 현지인들을 위한 선교가 진일보할 가능성이 높아졌다. 선교지에서 작은 부분부터 사역을 시작하면 언젠가 복음의 문이 열릴 때 현지 한인교회가 큰 역할을 할 수 있을 것이다.

수도를 5년 전에 처음 방문했을 때 교회가 세 곳이 있었는데 지금도 그 숫자는 같았다. 속히 선교의 문이 열려 더 많은 교회들이 세워지는 하나님 역사와 부흥의 물결이 라오스에도 일어나길 바란다.

제 2 부

견고한 성을 넘어

이제 선교정탐여행의 중간 반환점을 돌아 정상에서 하산 길에 접어든다.

내 눈 앞에 전개되는 장면들을 놓치지 않기 위해

현지인들을 가슴에 품어 본다.

언젠가 하나님께서 말씀하신 것에 따라

나눔의 기회를 만들어 보겠다는 결단을 하면서….

나 눔 이   기 쁨 이 다

사람들은 자신이 가진 정도를 잘 모른다.

많이 가졌음에도 부족하다고 느껴 더 많이 가지려고 노력한다.

가진 것에 만족하기란 무척 어렵다.

인생이 짧다고 말하면서도

그 짧음의 의미를 애써 외면하려고 한다.

짧은 인생이라는 현실 앞에서

무엇이 가장 나를 의미 있는 인생으로 인도할 수 있을까?

나눔의 삶으로 새로운 인생에 도전해 보자.

나눔을 통해

내가 가진 정도를 이해할 수 있고,

남을 기쁘게 하고,

인생 계획을 수정할 수 있으며,

새로운 삶에 도전해

나 자신의 성숙한 모습을 발견할 수 있다.

정탐여행 40일 중에서 반이 지났다. 싱가포르에서 시작된 선교정탐여행을 말레이시아, 태국, 라오스 여정까지 진행해 왔다. 지금부터는 미얀마, 캄보디아, 태국 남부와 페낭, 그리고 인도네시아에서의 여정이 이어진다.

여행을 반쯤 진행하면서 계속 마음에 부담이 되는 것이 있었다. 그것은 '나눔'이었다. 무엇을 누구에게 나눌 수 있단 말인가? 나 스스로에게 질문하면서 답을 얻으려고 노력했다. 많이 가졌음에도 부족하다고 느끼며 살아오지는 않았는가?

보다 크고 진정한 나눔에 참여하려면 먼저 세계를 가슴에 품는 크리스천의 삶을 각오해야 한다. 나눌 대상을 찾기 위해 선교여행에 참여해 보자. 여행을 통해 하나님이 우리 각자에게 주시는 답을 얻을 수 있을 것이다.

나눔 인생

선교지에서 어떤 나눔에 참여할 수 있을까?

복음이 닿지 않은 자들에게는 복음을 나누고,

고아들에게는 사랑을 전하며 안아주고,

디지털카메라로 사진을 찍어 사람들을 기쁘게 하고,

같이 애찬을 나누면서 대화를 하고,

사역자 가정을 방문해 함께 지내면서 그들의 사역을 격려해 줄 수 있다.

우리는 어떻게 자신에게 주어진 나머지 인생을 전개해 나가야 할까? 한국인의 평균 수명에서 자신의 나이를 빼보라. 몇 년을 더 살 수 있을지….더 살 수 있는 연수를 어떻게 살아갈 것인지 계획해 보자. 아직 아무런 계획 없이 하루하루를 살고 있다면 지금이라도 나머지 인생 계획을 세워 보자. 선교적인 마음을 가지고 나눔을 위한 인생 계획을 세워 보는 것이다. 계획을 세우고 실천하는 과정을 통해 의미 있는 인생이 내 앞에 열리게 될 것이다.

이제 선교정탐여행의 중간 반환점을 돌아 정상에서 하산 길에 접어든다. 내 눈 앞에 전개되는 장면들을 놓치지 않기 위해 현지인들을 가슴에 품어 본다. 언젠가 하나님께서 말씀하신 것에 따라 나눔의 기회를 만들어 보겠다는 결단을 하면서….

선교를 위해 나눔의 기회를 갖는 것은 새로운 도전이 된다. 도전은 고통이 따르지만 기쁨의 계기가 될 수 있다. 내 앞에 펼쳐지는 미지의 세계를 향해 나아갈 때 나의 인생은 좀더 성숙해질 것이다. 이제 또 다른 나눔의 현장으로 출발이다.

5 장

은둔의 나라

태국과 라오스의 국경도시인 농카이에서 야간열차를 타고 다음 날 이른 아침에 방콕에 도착했다. 방콕에서는 5일을 머물면서 다음 여행을 위한 준비를 하며 지냈다.

여행 일정상 베트남(Vietnam)과 미얀마(Myanmar) 중 한 나라만 방문할 수 있었다. 두 나라는 비자가 필요하기에 대사관에 비자 발급에 대해 문의했다. 베트남보다는 미얀마가 비자 발급이 빠르고, 또 이전부터 미얀마를 방문하고 싶은 생각이 있었기에 나는 주저없이 미얀마를 가기로 결정했다.

미얀마는 관광객들에게 매력적인 나라는 아니다. 주변국에서도 비행기로만 입국을 허용해 고립된 나라처럼 보였다. 세계 속에서 협력하려는 노력은 하고 있지만, 아직도 미얀마는 사람들에게서 멀리 있는 은 둔의 나라이다.

이전 수도였던 양곤(yangon)에 머물면서 현지 사역자들의 사역 현장을 돌아보고 미얀마 사람들의 삶을 접해 보았다. 여행 20일 차에 양곤에 도착해 4일을 그곳에서 보내고 23일 차에 방콕으로 다시 돌아왔다.

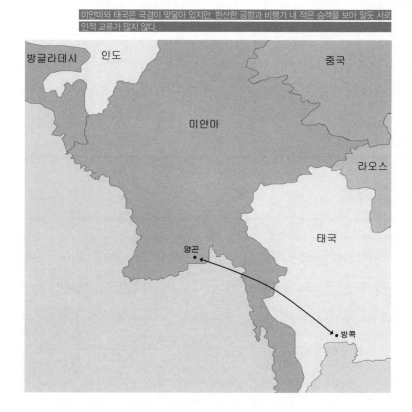

미얀마와 태국은 국경이 맞닿아 있지만, 한산한 공항과 비행기 내 적은 승객을 보아 알듯 서로 인적 교류가 많지 않다.

미 얀 마^(Myanmar) 보 기

전체 인구 5,400만 명 중 약 500만이 살고 있다는 양곤은 대도
시라기보다는 중소도시처럼 보였다. 국제공항에 비행기가 3-4대 밖에 안
보인다. 이것은 승객이 내리고 타면 거의 머물지 않고 비행기가 바로 떠난
다는 것을 의미한다. 비행장을 보면서도 미얀마의 국제적 수준을 가늠해
볼 수 있었다. 현지에 사는 60대 한국인 부부는 미얀마가 자신들의 어린
시절 60년대와 거의 비슷하게 보인다고 말했다.

그래도 현지에 거주하는 외국인들에 의하면 과거보다 많이 발
전했다고 한다. 얼마 전만해도 관광으로 입국하는 모든 외국인에게 의무
적으로 일정액의 미국 달러를 미얀마 달러로 바꾸게 했다고 한다. 그 돈
은 미얀마 내에서 달러와 같은 효력을 지닌 화폐였다. 관광객들에게 이
런 요구를 한 것은 관광 와서 환전한 돈 만큼은 최소한 쓰고 가야 한다는
뜻이었다. 이번 여행에서 그 이야기를 듣기는 했지만 과거 그런 제도는
없었다.

미얀마에는 직장인들의 월 수입이 미화 20-30불 정도가 된다.
군인과 공무원은 국가에서 월급 이외에 기름과 쌀을 제공해 준다. 그러나
공무원, 의사, 교사들이 받는 월급이 거의 차이가 없어 직업에 대한 동기
부여가 빈약한 편이다. 요즈음 학교 교사의 경우에는 부잣집 자녀들을 위
한 과외 선생이 되어 추가 수입을 얻는 기회를 갖는다고 한다.

미얀마는 일 년 중 3-4월이 제일 더운 때이다. 나는 가장 더운

때에 미얀마를 방문해 미얀마의 혹독한 더위를 맛보았다. 택시를 타도 에어컨이 거의 없었다. 머물렀던 집에서 에어컨을 켜보니 몇 분이 지나자 작동하기 시작했다. 전기 값을 생각하면 에어컨을 계속 켜 놓을 수도 없었다. 컴퓨터 사용환경도 열악하기는 마찬가지였다. 속도가 너무 느려서 평소에 컴퓨터 사용하던 것은 다 잊어버려야 했다. 느리면 느린 대로 적응을 해야 이메일이라도 한 통 보낼 수 있었다.

미얀마에서 개인이 전화번호를 가진다는 것은 부자의 상징처럼 보였다. 일인당 연간 수입이 수백 불에 불과한 나라에서 전화번호를 갖기 위해 수천 불을 지불해야 되기 때문이다. 그곳에서 전화는 한국의 6-

버스인지 트럭인지? 양곤 시내를 다니면 트럭 같은 시내버스를 쉽게 볼 수 있다.

70년대에 전화가 귀했던 시절과 비슷했다. 국가가 전화번호를 통제하기까지 하는 상황에서 현재의 경제 수준에 전화 보급을 보편화시키려면 길이 멀어 보였다.

　　미얀마는 자원이 많은 나라이다. 금, 보석류, 생고무, 나무, 3모작으로 생산된 쌀 등이 풍성한 자원국이다. 이렇게 많은 자원을 가진 나라치고는 너무 가난한 나라에 속한다. 풍성함을 풍성함으로 누리지 못한다는 사실이 안타까울 뿐이다.

수 도 가　어 디 지 ?

　　미얀마는 사회주의 군정국가로 현재도 군인들이 정치를 하고 있다. 미얀마 군사정권은 1962년 쿠데타로 집권한 이래 지금까지 유지해오고 있다. 현 정권은 야당지도자인 아웅산 수치 여사를 가택연금한 이후 인권탄압 등의 이유로 미국과 유럽으로부터 경제 제재를 받고 있다. 아웅산 수치 여사는 국제적으로는 명성이 있지만, 내가 만난 현지인들에게 물었을 땐 구체적인 내용을 잘 모르고 있었다. 아마 군사정권이 그들의 눈과 귀를 통제한 결과이지 않나 하는 생각이 들었다.

　　미얀마에서 또 특이한 한 가지는 수도 이전에 관한 것이다. 모든 정부청사를 양곤에서 북쪽으로 400km나 떨어진 핀마나(Pyinmana)6로 옮겨 일종의 신행정수도를 만들었다. 수도 이전의 이유는 미국의 눈 밖

6　미얀마는 2005년 11월 수도를 양곤에서 핀마나로 이전한 뒤, 2006년 3월 수도 이름을 다시 네피도(Naypyidaw)로 바꾸었다. 네피도는 황도(皇都)를 의미한다.

에 난 군사정권을 미국이 침공할지도 모른다는 것이었다. 내가 양곤에 도착했을 때 현지에서 만난 어떤 분은 이렇게 말했다.

'갑자기 수도를 옮긴다는데 어디로 갔는지 모르겠어요!'
'수도로 옮긴다는 곳은 말라리아가 유행하는 곳이지요.'
'수도를 옮기려면 많은 비용이 들 텐데…'
'입지가 좋은 양곤을 두고 왜 산골짜기인 내륙으로 옮기는지 모르겠네요!'

수도 이전은 국민들의 정서와는 거리가 멀었다. 수도 이전은 왜, 어디로 옮길 것인가에 대한 국민적인 합의도 없이 정치인들에 의해 결정된 것에 불과했다. 처음 방문한 미얀마의 인상은 국민들이 군사정권에 의해 심한 통제를 받고 있는 모습이었다.

수도를 2005년 11월부터 옮기기 시작했는데, 다음 해 3월쯤에야 국민들이 수도의 위치를 대략 알기 시작했단다.

화 장 하 고   치 마   입 은   남 자 들

미얀마 사람들의 외모에서 크게 두 가지가 눈에 띄었다. 한 가지는 남녀노소 할 것 없이 '따나카'(Thanakha)라는 나무수액으로 만든 흰 가루를 얼굴에 칠하고 다닌다는 것이다. 그것은 일종의 화장품 역할을 하면서 불볕더위로 인해 얼굴이 타는 것을 방지해 준다. 그들만의 독특한 화장을 얼굴에 하는 것을 이해할 수 있었다. 그들은 천연 화장품을 개발해 그들 나름대로 자신들의 특징을 드러낸다. 양곤에서 만난 한국 여성도 얼굴에 같은 화장을 하고 있었다.

또 다른 특징은 남자들이 치마를 입는 것이다. 남자들이 '론지'(Lonzi)라고 불리는 치마를 입고 자연스럽게 생활하고 있다. 그들을 가까이서 보니 론지가 편리함도 있었다. 아침에 한 젊은이가 바깥에서 옷을 입은 채로 샤워식 목욕을 했다. 목욕할 때 론지는 가운(Gown)과 같은 역할을 했다.

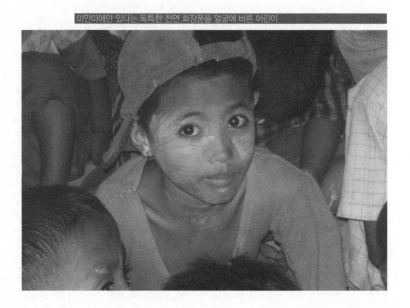

미얀마에만 있다는 독특한 천연 화장품을 얼굴에 바른 어린이

화장을 하고 치마를 입는 미얀마의 남자들을 보면서 선교지 문화 이해에 대한 생각을 했다. 내가 경험해 온 문화의 잣대로 타문화를 보면 이상한 것이 많다. 그러나 타문화 권에서 특별한 문화가 있을 때에는 그만한 이유가 있다. 미얀마에서 얼굴 화장과 론지도 열대지역에서 살아남기 위한 그들 나름대로의 생존 지혜의 결과인 것이다.

강　건너　마을　D a l a

양곤 다운타운에서 강을 건너면 대략 30만 명이 산다는 빈민촌 '달라' (Dala)라는 마을이 있다. 이 마을을 가려면 배를 타고 양곤 강(Yangon River)을 건너야 한다. 이른 아침부터 수많은 사람들이 배를 타고 강을 건넌다. 우리나라 완행버스처럼 많은 사람들이 배를 이용한다. 뱃삯이 외국인과 내국인이 다르다. 나는 인산인해를 이룬 인파들 사이를 겨우 헤치고 배 2층에 자리를 잡았다. 강을 건너는 시간은 길지 않았지만 그 사이에 여러 상인들이 내 앞을 지나쳤다.

학생으로 보이는 어린 아이가 내게 와서 도움을 구했다. 말이 통하지 않아 통역을 통해 대화를 주고받았다. 짧은 교제였지만 마음이 편치 않았다. 학교에 다녀야 할 어린 나이에 생활전선에 나서야 되는 그 아이의 현실이 안타까웠다. 항구에 배가 도착하자 사람들이 급히 내리고, 기다리던 사람들이 배를 탔다.

배에서 내려 조금 걸어가면 시외버스 정류소가 있다. 지프차를 버스로 개조해 사람과 짐을 실어 나르고 있었다. 버스 정류소에는 많은 지프차들이 주차해 있었다. 차 지붕에 짐을 싣고 사람들은 차 안에 타거나 매달려서 어디론가 가고 있다. 마을의 규모는 작았지만 사람들에게는 생활용품들을 구입할 수 있는 상권의 중심지였다.

나는 사역지를 방문하기 위해서 버스 정류소에서 자전거로 끄는 인력거를 탔다. 그런데 자전거를 끄는 사람이 너무 말라 자전거를 탄다는 것이 오히려 미안했다. 그런데 함께 갔던 분이 그래도 그 자전거를 타라고 한다. 우리가 타고 대가를 주는 것이 그 사람을 돕는 것이란다. 그분의 설득에 자전거를 타기는 했지만 계속 마음이 불편했다.

드디어 달라 마을에 대나무로 지어진 동네를 방문했다. 사역지를 보면서 이런 곳이야말로 도움이 필요하다는 생각이 저절로 들었다. 그 지역의 특성에 맞게 조심스럽게 여러 종류의 사역들이 진행되고 있었다. 그 중 하나를 예로 들면, 현지 학교 학생들에게 학생 한 명당 일 년 동안 미화 10불로 학용품을 제공하고 있었다. 이름도 없이 빛도 없이 섬기는 손길들이 있었다.

이들은 과연 어떻게 살아갈까? 집 안을 보고 싶어 한 현지인 여성의 허락을 받아 대나무 집 안을 들여다보았다. 방문한 집은 한국의 큰 안방 정도의 크기에 칸막이로 방 두 개를 만들고 벽을 부엌으로 삼아 살고 있었다. 대나무 벽에 팬과 냄비와 같은 주방 도구들을 걸어놓고 있는 것이 소

박하지만 부엌이었다. 그녀는 우리 일행을 기쁜 얼굴로 맞아 주었다. 집 뒤편에는 구름다리처럼 생긴 길을 조금 지나 화장실이 있었다.

고아들이 살고 있는 집도 방문했다. 아이들은 처음 보는 사람들의 방문을 낯설어하면서도 좋아하는 표정을 지었다. 그들과 함께 사진을 찍으면서 금세 친해졌다. 디지털 카메라에 방금 찍힌 자신들의 모습을 보면서 무척이나 신기해했다.

미얀마 여행을 하면서 다른 지역에 있는 고아원도 방문하였다. 아이들과 함께 잠시 인사를 나누고 가져간 빵을 나누어 주었다. 빵 하나에도 얼마나 기뻐하던지…, 한 아이를 꼭 껴안아 주었다. 그 아이도 힘껏 나를 안았다. 얼마나 사랑에 굶주린 걸까? 그런데 그 아이가 한국말로 나에게 이렇게 말하는 것이다.

"짜랑해요!"

순간, 이런 곳에 와서 그들과 함께 놀아주고 시간만 보내줘도 너무나 귀한 사역이 될 것 같다는 생각이 들었다. 진정으로 음식과 사랑이 필요한 이들을 위해서 누군가 더 와야 할 텐데…. 마음으로 눈물이 흘러내렸다.

불 교 가   뭔 데 ?

미얀마는 세계 최고의 불교국가이다. 전국에 불탑이 400만 개이

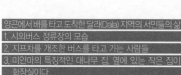

양곤에서 배를 타고 도착한 달래(Dala) 지역의 서민들의삶
1. 시외버스 정류장의 모습
2. 지프차를 개조한 버스를 타고 가는 사람들
3. 미얀마의 특징적인 대나무 집, 옆에 있는 작은 집이
   화장실이다.
4. 대나무 집 내부의 부엌
5. 방문지역 내 고아원에서 놀고 있는 아이들과 함께한
   저자

상 있다고 하니 시내 어디를 가도 불교 사찰이 있는 것이다. 양곤 시내에는

세계에서 제일 큰 불탑으로 알려진 '쉐다곤 파고다'(Shwedagon Pagoda)

가 있다. 이 절은 황금색으로 덮여 있는데 규모가 커서 시내 어디에서도 눈

에 띈다.

　　쉐다곤 파고다 안에 직접 들어가보니 실내 계단처럼 된 곳을 지

나서 절 입구가 있었다. 계단 주변에는 불교와 관련된 물건들을 파는 상점들이 늘어져 있었다. 입구에서 입장표를 구입하려는데, 외국인과 내국인의 값이 달랐다. 외국인에게는 상당히 비싸게 받고 있었다. 그 정도의 입장료를 낼 수는 있었지만 불교 사찰을 보기 위해서 내자니 약간의 갈등이 생겼다. 미얀마에서 몇 불이 갖는 가치가 어느 정도인가를 알기 때문이다. 결국 그 사찰의 외부만 보고 돌아왔다. 현지인들은 쉐다곤 파고다를 보지 않는 것은 미얀마에서 가장 중요한 것을 빠뜨린 것과 마찬가지라고 했다. 비록 사찰의 내부를 보지는 않았지만 전혀 불편한 마음이 들지 않았다.

정부는 국민소득이 낮음에도 돈이 생기면 계속해서 절을 짓는다고 한다. 국민 중 대다수가 가난하지만 절에 바치는 것에는 매우 관대하다. 국민 절대다수인 불교도들이 절에 돈을 내고 절이 절을 건축하니, 미얀마에는 절이 자꾸 늘어날 수밖에 없다.

미얀마에는 한국인들이 많이 방문한다. 미얀마를 불교 성지로 여겨 일종의 성지순례 차 여행을 오는 것이다. 기독교 환경 속에만 살다보니 다른 종교를 이해하는 면이 부족했음을 깨달았다. 성지순례가 기독교에만 있는 것이 아니라 불교에도 있다는 사실이다. 미얀마에서 한국인들을 만날 때, 성지순례 차 이곳을 방문한다는 사실을 상식으로 알아두면 좋겠다.

불교 성지로 알려진 미얀마의 웅장함과 화려함을 자랑하는 쉐다곤 파고다

한 알 의 밀 알 이 되 어

미국 최초의 부부 해외 선교사로 파송

한 명의 크리스천도 없는 곳에서 사역을 시작

도착한 지 6년 만의 첫 선교 열매

열대성 열병으로 자주 죽을 뻔함

스파이라는 누명을 쓰고 체포

더럽고 벌레와 병균이 들끓는 감옥살이

아내와 자녀들의 사망으로 인한 고통의 삶

선교지의 언어로 성경번역

병을 치료하던 중 죽어 바다에 수장됨.[7]

위의 내용은 1812년 미국 최초의 선교사로 파송되어 미얀마의 선교 기초를 놓은 아도니람 저드슨(Adoniram Judson) 선교사의 생애를 간략히 요약한 것이다. 방콕에서 미얀마로 가게 된 이유 중 하나도 바로 저드슨 선교사의 선교 열매를 확인하는 것이었다.

미얀마에서 저드슨 선교사의 삶은 고난의 연속이었다. 열대성 열병, 자연환경과의 싸움, 정치적인 상황에 의한 영국 스파이라는 누명과 감옥살이, 그리고 가족의 고난과 죽음이 그의 삶과 주변을 에워쌌다. 낯선 동양 땅에서 새로운 언어를 배우고 적응해 나가는 것 자체가 힘든 과정이었다. 그는 이런 고난을 뛰어 넘어 6년 만에 첫 선교 열매를 얻었다. 그는 계속 복음의 영역을 확장해 나갔고, 미얀마어로 성경을 번역했다.

저드슨 선교사가 미얀마에 선교사로 파송된 지 거의 200년이 되었다. 그 후 미얀마는 어떻게 변했을까? 이번 방문을 통해 미얀마의 선교 현장을 직접 눈으로 보고 싶었다. 미얀마 정부는 국제사회를 향해 종교의 자유가 있다고 말한다. 그러나 내부적으로 들여다보면 특히 기독교에 대해서 배타적인 성향을 띠고 있다.

군사정권이 1962년에 들어서면서 더 이상 교회를 짓지 못하게 하였다. 그러나 현재 교회들과 크리스천들 수가 적지 않다. 어떻게 이렇게 기독교가 유지될 수 있었을까? 그것은 군사정권이 들어서기 이전에 세워

---

7 Ruth A Tucker, From Jerusalem To Irian Jaya: A Biographical History of Christian Missions, 박해근 역, (서울: 크리스천 다이제스트, 1998), 151-164.

진 교회들의 기득권을 인정해 준 결과이며, 그 기득권의 기초를 처음으로 놓은 분이 바로 아도니람 저드슨 선교사이다. 그분의 사역이 바로 오늘날까지도 영향을 끼치고 있는 것이다.

　　　저드슨 선교사는 현지인들을 향한 깊은 사랑의 마음으로 죽음을 각오하고 복음의 씨앗을 뿌렸다. 그는 현지인들과 동고동락하면서 고통과 선교의 열매를 동시에 맛본 섬김과 헌신의 모델 선교사였다. 서양 선교사들이 복음의 황무지와 같은 한국땅에서 희생한 결과로 지금의 한국교회가 부흥을 경험했듯이, 저드슨 선교사는 미얀마에서 한 알의 밀알이 되었다. 그분의 희생이 기초가 되어 열매를 맺고 있는 미얀마의 선교현장을 둘러본 보람된 시간이었다.

선 교 의　중 심 지

　　　미얀마는 인도, 방글라데시, 중국, 태국 그리고 라오스와 국경을 맞대고 있다. 이들 국가들의 인구를 다 합치면 대략 27억 정도가 되는데, 만약 미얀마 전역에 복음이 퍼지게 된다면 주변 국가들에게 끼칠 복음의 영향력은 대단히 클 것이다. 미얀마와 국경을 대하고 있는 다른 나라 지역들은 대개 중앙정부와 멀리 떨어진 곳으로 현재 이슬람교와 불교가 주를 이루고 있다.

　　　현지에서 만난 분도 이와 같은 생각을 말씀하셨다. 미얀마에 선교 영역이 확장되면 현재보다 국경 통과가 더 활발해지고 자유스러워질 것으로 예상했다. 그때에는 자연히 인적, 물적 교류를 통해 그 영향력이 주변국으로 퍼지게 될 것이다. 인도와 미얀마의 국경지대에 살고 있다가 공부 때문에 양곤에 왔다는 나갈랜드(Nagaland) 출신 크리스천 학생을 만났다. 나갈랜드는 해외에서 파송된 사역자들에 의해서 성공적으로 선교 결과를 낸 곳이다. 그 학생도 언젠가 자기 고향으로 돌아가 사역을 할 계획이라고 했다.

현지 신학교를 방문했다. 그곳에서 나는 즉석 강의와 기도할 기회를 가졌다. 학생들은 책상도 없이 바닥을 책상 삼아 엎드려 공부하고 있었다. 공부하는 모습이 매우 진지했다. 한국의 60년대 내지 70년대를 보

지도자를 양성하는 신학교의 수업. 장면 수업 여건은 열악했지만 매우 진지하게 공부하고 있었다.

는 듯 했다. 그 학생들이 아직은 미미해 보이나 미얀마 교회의 차세대 지도자들이다. 그들은 방학이 되면 고향으로 돌아가 고향땅에서 개인전도 내지는 교회 세우는 일을 하게 된다.

현재는 미얀마가 군사정권의 영향 아래 선교에 제약이 많고 거주하는 사역자들이 적지만, 장기적으로 볼 때, 지정학적인 면에서 선교적 가능성과 잠재성을 결코 과소평가할 수 없는 곳이다.

선 교 열 매 를   확 인 하 면 서

군사정권에 의해서 종교의 자유가 통제되고 있지만 크리스천 인구는 계속 증가 추세에 있다. 현재 전체 인구 중 약 6%가 기독교인이다. 이것은 지난 20년 동안 거의 3배가 늘어난 숫자이다.

양곤에서 머물렀던 숙소에서 초등학교 학생으로 보이는 한 아이를 만났다. 그리고 그 아이에 대한 이야기를 듣게 되었는데, 절에서 생활하던 그 아이는 현지 사역자의 집에 자주 찾아 와서 아침 시주 밥을 얻어 갔다고 한다. 현지 사역자에게 대략 20명 정도의 아이들이 돌아가면서 찾아와 시주를 받아 가는데, 특별히 그 아이와 정이 들고 서로 마음이 통하게 되었다고 한다.

현지 사역자는 2년 정도 지난 후 그 아이에게 복음을 전했고, 놀랍게도 복음을 받아들였다. 그리고 아이는 14살에 중복을 벗었다. 이후에 아이는 절에서 살지 않고 자신이 아침마다 시주 밥을 위해 만났던 사역자의 집에서 생활하고 있다. 아이는 절이나 부모가 있는 집으로는 가고 싶지 않다고 했다. 그 이유는 집에 가면 먹을 것이 없어 부모가 다시 자기를 절에 보낼 것이기 때문이란다. 복음을 받아들인 이 아이는 이제 예수 믿는 삶을 살고 있다. 여전히 어린 나이지만 주말에는 현지 사역자가 사역하는 고아원에서 일을 돕고 있다.

신학교를 졸업하고 고향에서 사역하는 현지 목회자의 목회지를 방문했다. 도심에서 상당히 멀리 떨어진 곳에 있었다. 차로 2시간 정도 비포장도로를 달렸다. 도착해 보니 교회는 외국 교회의 지원을 받아 대나무로 교회를 건축 중이었다. 콘크리트로 건물을 지으면 비용이 대나무 교회보다 두 배정도 더 든다고 한다. 현지에서는 대나무로 만든 교회가 일반적이었다.

대나무로 된 건물의 수명은 약 15년 정도이다. 지붕에는 대나무 잎을 씌우는데, 비가 오면 새가 날개를 펴듯이 그 잎들이 벌어져 비가 거의 새지 않는다고 한다. 대나무는 미얀마에서 널리 사용되는 독특한 건축 재료이다. 하나님이 미얀마의 특성에 맞게 특별한 재료로 주신 것 같다. 건축 현장에서 그 교회를 사역하는 여성 목회자를 만났다. 그분이 교회 건축을 하는 데 얼마나 열심인지 함께 동행한 분도 칭찬을 아끼지 않았다.

거리를 지나가다가 가끔 콘크리트 건물이 보여 동행자에게 질문을 했다. 이왕 교회를 건축한다면 대나무보다 수명이 훨씬 긴 벽돌 교회를 지으면 어떠냐고 말이다. 그는 벽돌로 교회를 짓는 것이 좋기는 하지만 현지인들에게 정서적인 면에서 아직은 대나무 건물이 좋을 것 같다고 했다.

종종 외부에서 단기봉사 팀들이 와서 경제적으로 도와주면 사역이 효과적으로 진행되리라 생각한다. 그러나 경제적인 도움이 전부는 아니다. 도움은 현지인들의 정서에 크게 어긋나지 않으면서도 그들이 존중받고 있다는 것을 스스로 느끼게 해줄 때 사역 효과가 크다. 대나무로 짓고 있는 교회를 몇 군데 돌아보면서 미얀마에 맺어지고 있는 선교 열매를 확인하는 귀한 시간을 가졌다.

대나무로 지은 교회. 저자가 방문했을 때는 내부공사와 건물 뒤편에 있는 화장실 공사가 한창 진행 중이었다.

탈 북 자　돕 기

　　미얀마에서 의외의 사안이 있었는데 그것은 탈북자들에 관한 것이었다. 북한에서 중국을 거쳐 동남아 국가로 오는 탈북자들이 많은데, 미얀마도 그 중 한 나라이다. 먼 길을 여행해 천신만고 끝에 미얀마로 온 탈북자들에게는 희망의 여정이 되겠지만, 이들을 맞는 현지인 사역자들에게는 결단을 요구하는 갈등의 시간이다.

　　미얀마에서 탈북자들에게 편의를 제공할 경우, 외국인은 추방을, 내국인은 구속되는 상황이 벌어질 수 있다. 탈북자들을 돕기 위해 접촉하다보면 종종 예상치 못한 사람들이 찾아온다고 한다. 탈북자가 한국으로 가면 한국 정부가 그들에게 정착금을 주는 것이 알려져, 이 정착금을 노리고 가짜 탈북자가 데려 오기도 한다고 한다.

　　도움이 절실한 탈북자들에게는 도움의 손길을 주어야 한다. 하지만 현실 속에서 현지 사역자들이 겪는 어려움이 적지 않다. 미얀마의 한 도시에서는 현지 사역자가 탈북자에게 잠자리를 제공해 주어 탈북자는 구속되고, 사역자는 추방된 실례가 있었다고 한다.

열 정 이 지 나 치 면

언젠가 단기봉사 팀들의 과도한 사역진행으로 미얀마에서 어려움을 겪고 있다는 현지 사역자의 보고내용을 기사로 읽은 적이 있다. 그것은 팀원들이 공개적으로 전단지를 돌리다 경찰에 연행된 사건이다. 사역지에서 이런 일이 일어나면 경찰에 연행된 당사자들도 어렵지만, 그 이후에 현지에서 남아 사역하는 분들이 더 어려워질 수 있다.

현지 사역자에게 그때의 상황을 들을 수 있었다. 당시 단기봉사 팀이 전도지를 뿌리다 경찰에 연행된 사실이 맞다고 했다. 그때 현지 사역자는 다른 도시로 피난을 가서 한동안 사역지를 떠나 있어야 될 정도로 분위기가 심각했다고 한다. 한국에서 잘 알려진 목사님 한 분은 거의 24시간 공항에서 감금된 경우도 있었다고 한다.

선교를 공개적으로 허락하지 않는 나라에 올 때에는 보안의식이 꼭 필요하다. 큰 그룹이 올 때는 더욱 조심을 해야 한다. 공항에서 '목사님', '집사님' 등과 같은 호칭으로 그룹을 노출 시켜서도 안 된다.

언젠가 한 비행기로 거의 100여 명의 단기봉사 팀원들이 입국을 한 일이 있었다. 한국과 미국에 있는 세 교회가 비행기 표를 예매해 같은 비행기를 탄 경우였다. 이런 경우에는 더 조심을 해야 하는데, 그러지 못해 어려움이 많았다고 한다. 군사정권 아래 있는 미얀마와 같은 나라는 공항에 거의 보안요원들이 지켜보고 있다는 것은 상식이다.

미얀마를 방문하는 외국인들이 점차 늘어나고 있다. 종종 단기봉사 팀들이 방문을 하면서 자기식대로 행동하다가 곤경을 당하는 일도 적지 않다. 이는 미얀마의 사회적 상황을 잘 이해하지 못한 결과이다. 대내외적으로 다르게 나타나는 정부의 상황에 방문자들은 지혜롭게 대처해야 한다. 이왕 단기사역을 왔으니 전도지를 나누어주어야겠다는 열정은 이해하지만, 그 이후에 일어날 결과를 생각해 보면 현지 사역자들을 적극 배려해야 한다. 선교는 단거리 경주가 아니라 장거리 경주이기 때문이다. 미얀마는 더욱 그렇다.

6장

시장경제의 시험장

여행 23일 차에 미얀마에서 방콕으로 돌아왔다. 방콕에서 하룻밤을 예전에 머물렀던 침례교 게스트 하우스에서 머물고 다음 날 캄보디아로 향했다. 이번 여행은 육로 국경을 이용해 캄보디아에 갔다가 다시 방콕으로 돌아오는 3박 4일 일정이었다.

캄보디아는 5년 전에 방문한 경험이 있지만 육로 국경을 통한 입국은 이번이 처음이다. 새벽 4시에 숙소를 출발해 충분한 시간 여유를 두고 시외버스 정류장에 도착했다. 버스는 오전 5시에 '아란야쁘라텟' (Aranya Prathet)이라는 국경도시로 출발했다. 태국 국경을 통과해 캄보디아 국경에서 비자를 받고 당일에 수도인 프놈펜(Phnom Penh)에 도착했다. 캄보디아에서는 프놈펜과 시아누크빌(Sihanoukville)을 방문하고 다시 태국으로 향하는 소형 국제버스로 방콕에 돌아왔다.

육로 국경을 이용한 탓에 입국과 출국 때에 각각 다른 국경도
시를 통과했다. 먼저 입국할 때는 포이펫(Poipet)으로 입국해 바탐방
(Battambang)을 경유해 프놈펜으로 갔다. 출국할 때는 시아누크빌에서
출발해 코콩(Koh Kong)이라는 국경도시를 통과해 13시간 만에 방콕에
도착했다. 육로로 여행하는 것이 비행기보다는 불편하지만 그래도 자연
과 현지인들을 더 가까이서 볼 수 있는 장점이 있다.

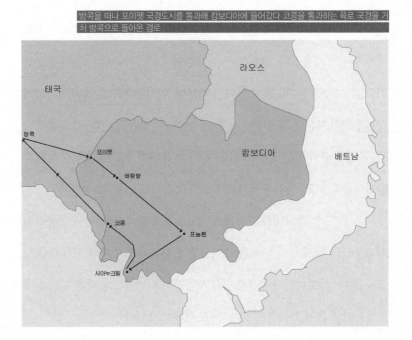

방콕을 떠나 포이펫 국경도시를 통과해 캄보디아에 들어갔다 코콩을 통과하는 육로 국경을 거
쳐 방콕으로 돌아온 경로

캄 보 디 아(Cambodia) 보 기

캄보디아는 베트남 전쟁이 끝난 이후 정치적인 후유증을 심하게 겪어온 나라다. 베트남전 이후 당시 집권한 폴 포트(Pol Pot)는 정치적인 입지를 강화하기 위해 전임 정권과 미국에 협력한 사람들을 가혹하게 처형했다. 그 결과 그가 집권하는 4년 동안 전 국민의 30%에 해당하는 약 200만 명을 죽게 한 것으로 악명이 높다.

캄보디아인들은 국내외적으로 전쟁과 많은 정치적 어려움으로 인해 지금도 역사적 고통을 치료받아야 하는 현실에 직면해 있다. 캄보디아는 전쟁으로 인해 남자가 많이 죽어 남녀비율의 차가 큰 편이다. 또한 전통적인 가정이 파괴되어 사람들의 의식에 큰 영향을 주었다.

캄보디아는 자본주의의 시험장 같다. 일단 미국 달러와 자국화폐가 동시에 사용된다. 거의 대부분 상점에서 물건값을 달러로 부르고 달러로 지불해도 아무런 문제가 되지 않는다. 만나는 사람들과의 대화에서 자본주의의 기본인 경쟁 원리가 생활 곳곳에 자리잡고 있다. 값을 흥정하고, 물건을 팔기 위한 경쟁이 치열하고, 어린 아이들도 물건을 팔기 위해 길거리를 나서고, 음식점에서도 서비스의 대가로 팁을 줘야 한다.

프놈펜 시내를 다녀보면 고급차들이 많다. 일인당 국민총생산이 300달러 정도 된다는 점을 고려하면 빈부격차가 얼마나 심한가를 느낄 수 있다. 캄보디아가 자본주의의 시험장이 되면서 프놈펜은 소위 신흥 부자들이 마음껏 부를 누릴 수 있는 도시처럼 보였다.

전체적으로 소비 수준이 높아지기는 했지만 극단적인 경제적 양극화 현상을 볼 수 있다. 어떤 사람들은 초가집 같은 곳에서 현대문명의 혜택에서 소외된 채 19세기의 삶을 살고 있다. 반대로 어떤 사람들은 최첨단 문화를 누리면서 자동차, 핸드폰, 인터넷 등 세계화의 물결에 발을 맞추어 특권층의 혜택을 누리고 있다.

수도인 프놈펜에서 5년 전과 확연히 다른 것은 서민들의 교통수단이 자전거에서 오토바이로 바뀌었다는 것이다. 또 외국의 원조를 많이 받아서인지, 도요타 캠리(Toyota Camry) 차가 많이 보였다. 대부분의 택시들이 그 차였다. 내가 태국 국경에서 프놈펜까지 올 때에 이용한 택시도 바로 캠리였다.

미얀마와 캄보디아는 국가운영정책 면에서 차이가 있었다. 미얀마는 NGO들을 가능하면 통제하거나 환영하지 않는 입장이다. 그런데 캄보디아는 가능하면 외국인들이 많이 오도록 하는 개방정책을 편다. 몇몇 외국 정부가 원조를 해주면서 캄보디아 정부에게 민주적 절차로 선거하고 종교의 자유를 주도록 요구해, 문호는 활짝 열려있는 편이다. NGO에게는 물건이 면세로 통과되게 해주고, 그곳에서 일하는 사역자들을 위해서는 비자 수수료를 받지 않을 정도로 그들의 사역을 지지해 주고 있다.

1. 프놈펜의 중심가에 위치한 중앙시장. 캄보디아의 경제가 성장하고 있다는 것을 오토바이 이용자 수를 보면 알 수 있다.
2. 프놈펜 시내를 다녀보니 예전과 달리 고급 자동차와 오토바이가 많았다.
3. 프놈펜에 가는 도중 잠시 방문한 시골 가정
4. 시아누크빌로 가는 도중 고속버스 휴게소에서 만난 물건을 파는 아이들. 저자가 디지털카메라로 사진을 찍어 직접 보여주니 너무 좋아했다.

국 경 통 과 하 기

방콕에서 프놈펜까지 14시간이 걸렸다. 택시, 버스, 뚝뚝(Tuk tuk), 그리고 또 택시를 바꾸어 타면서 목적지에 도착했다. 캄보디아로 들어가기 위해서 첫 번째 통과해야 되는 곳이 바로 포이펫에 있는 국경검문소이다. 포이펫은 태국과 캄보디아 사이의 국경무역의 대부분이 일어나는 도시다. 도시에 도착하니 그 명성대로 사람들의 왕래가 아주 많았다.

그곳에서 비자 절차를 밟았다. 비자는 국경에서 수수료로 미화 20불을 내면 받을 수 있었다. 그런데 비자를 받는 과정에서 문제가 생겼다. 담당 공무원은 특급으로 비자를 발급해 주겠으니, 수수료를 미화대신 미화 25불에 해당하는 태국 화폐로 1,000바트(Baht)를 내라고 요구했다.

당시 나는 안내 표지판에 비자비가 20불로 적혀있는 것을 보았고, 실제 태국 화폐를 가지고 있지 않아서 달러로 낼 수밖에 없었다. 관리들에게 나의 사정을 얘기했지만 그들은 바트(Baht)로만 받겠다는 것이었다. 바트로 낼 경우 미화로 5불 정도를 더 내는 것인데, 나는 그렇게 하고 싶지 않았다. 나는 당당하게 담당 공무원에게 미화로 내겠다고 했다. 그 공무원은 내게 딱 20불짜리로 내야하고 그렇지 않을 경우 방콕에 가서 비자를 받으라고 했다. 공무원은 비자 발급을 가지고 내게 말도 안 되는 억지를 썼다. 나는 어이가 없었지만 환전소에 가서 미화 20불짜리로 바꾸어 다른 서류들과 함께 제출했다.

'비자를 받으려면 4-5시간쯤 걸릴 것이다.'

'저 안쪽에 비자 발급을 기다리는 서류들이 수북이 쌓여 있다.'

'대부분의 사람들이 바트로 비자비를 내고 10분 안에 비자를 받아간다.'

공무원은 이런 말들을 하면서 나에게 대기좌석에서 기다리라고 했다. 솔직히 불안했다. 만약 비자가 4-5시간 후에 나오게 된다면 하루를 국경 도시에서 머물러야 하는 것이다. 최악의 경우에는 방콕으로 돌아갈 수도 있다. 여행 중 위기를 만나 마음 고생을 하는 순간이었다.

그런데 주변을 살펴보니 비자를 받기 위해 대기 중인 여권들은 많은데, 대기좌석에서 기다리는 사람은 불과 2-3명에 불과했다. 나는 마음속으로 기도했다. 내 옆에 있던 한 부부가 비자를 받아 갔다. 조금 지나자 나 혼자 남았다. 불안하기는 했지만 계속 기도했다. 10분 정도가 지났을까? 담당 관리가 내 이름을 부르면서 비자가 찍힌 여권을 돌려주었다. 할렐루야! 나는 마음속으로 하나님을 찬양했다. 담당 공무원들은 비자 발급을 핑계로 바쁘지도 않으면서 바트를 받아 적어도 일인당 5불 정도의 돈을 더 챙기는 술책을 쓰고 있었던 것이다. 한 달에 평균 25불 정도

태국 국경에서 여권 검사를 통과하고 캄보디아 국경 입구에서

가 수입인 사람들이 국경에서 한 사람을 통과시킬 때마다 5불씩 더 받는다면 이는 엄청난 부수입이 되는 것이다. 발급 과정은 어려웠지만 끝까지 정도를 걸어 비자를 받고 보니 마음이 한결 가벼웠다.

인 신 매 매 가   아 닐 까 ?

비자를 받아 국경을 통과하고 시외버스 정류장으로 갔다. 정류장에 버스는 한 대도 없고 차를 기다리는 사람들만 몇이 대합실에 있었다. 확인해 보니 프놈펜에 가는 버스가 하루에 한 번만 있단다. 나는 다음 날 버스를 이용하거나, 아니면 당일에 택시를 이용할 것인가를 결정해야 했다. 버스 정류장에서 앙코르 유적(Angkor Ruins)을 보기 위해 시엠레아프(Siem Reap)으로 간다는 한국 청년 한 명과 농인 미국인 청년을 만났다. 나는 그들이 서로 목적지는 같지만 언어의 장벽이 있음을 알고, 영어는 글자로, 한국어는 말로 통역해 주었다. 결국 그들은 함께 합승택시를 타고 목적지에 갈 수 있었다.

내 차례가 되었다. 어떻게 프놈펜까지 갈 것인가를 결정해야 했다. 나는 결국 택시로 가기로 했다. 대략 6시간 정도 걸린다고 했다. 두 택시 운전사가 나를 승객으로 데려가려고 요금으로 치열한 경쟁을 벌였다. 승객 유치 경쟁에서 이긴 여자 운전기사의 차를 타고 프놈펜까지 미화 6불로 가기로 했다. 차를 타려고 하는데 승객 유치 경쟁에서 밀린 운전기사가 내가 탈 차 운전기사에게 뭐라고 말을 했다. 현지어를 모르기에 나는 무슨 내용인지 모른 채 차를 탔다.

저렴한 요금으로 택시 값 흥정을 잘 했다고 생각했다. 그런데 나중에 알고 보니 그 택시는 일종의 합승택시였다. 결국 5인승 승용차에 운전사를 포함해 앞좌석에 3명, 뒷좌석에 4명을 태우고 트렁크에는 물건을 가득 싣고 출발했다. 중앙선이 없는 비포장도로를 곡예 운전하듯 신나게 달렸다. 이렇게 비포장도로를 막 달리면 차가 견딜 수 있을까? 실제 차가 큰 재산일텐데 막다루는 것 같아 마음이 쓰였다.

국경도시를 출발한 지 두 시간쯤 지나 바탐방(Battambang)에 도착했다. 운전기사는 차를 골목 한쪽에 세우더니 다른 차로 옮겨 타라고 했다. 그녀는 다른 차 운전기사와 무슨 말을 주고받았다. 새 운전기사는 나에게 프놈펜까지 얼마를 주기로 약속했는지 물었다. 그는 요금을 확인한 후에야 내가 타고 온 운전기사에게 돈을 주었다. 이런 상황 속에서 나는 약간의 불안감을 느꼈다. 이렇게 나도 모르는 사이에 인신매매가 되는 것은 아닐까?

옮겨 탄 차에서 30분 정도를 기다려 앞좌석 승객석에 2명, 뒷좌석에 3명이 타고 다시 프놈펜으로 출발했다. 나는 앞좌석에 다른 어른과 함께 탔다. 프놈펜에 가려면 약 300km를 4시간 정도 더 달려야 하는데, 앞좌석에 탄 나는 그날따라 내 몸집이 크다는 것을 너무나 원망했다. 성인 2명이 차 앞좌석에 함께 수 시간을 타고 간다고 상상해 보라. 일단 좁

택시로 프놈펜을 가다 간이 휴게소에서 잠시 휴식을 취하였다.

은 공간에서 몸을 움직일 수가 없었다. 거의 3시간 쯤 지날 무렵 나는 너무 힘들어 운전기사에게 좀 쉬었다 가자고 요청했다.

　　나중에 뒷좌석에 왜 4명을 태우지 않았는지 물어 보았다. 운전 기사는 뒷좌석 승객들이 4명 좌석 값을 지불해 3명이 타고 있는 것이고, 나는 한 사람 요금만 지불했기 때문에 앞좌석에 타게 되었다는 것이다. 그 러면서 덧붙여 말하기를 만약 전체 6명분 좌석 값을 다 지불하면 택시를 혼자 탈 수 있다고 했다. 나는 택시를 이용하면서 캄보디아식 자본주의의 쓴맛을 제대로 맛본 듯 했다. 프놈펜의 중앙시장 근처에 도착하니 벌써 어 둑해지기 시작했다. 방콕에서 침례교 게스트 하우스를 떠난 지 14시간 만 에 목적지에 도착한 것이다.

관 광 보 다　선 교 정 탐

캄보디아에서 만난 사람들이 앙코르 유적지로 유명한 시엠레 아프를 방문할 것인가를 나에게 물었다. 여행 스케줄상 시간이 안 되고 또 여행목적이 아니기에 관광지 방문은 전혀 고려하지 않는다고 대답했다.

앙코르 유적은 크메르 제국의 사원들로 구성된 동남아 최대의 관광지로 잘 알려져 있다. 또 유네스코 세계문화유산으로도 지정되어 있다. 나는 직접 그곳을 가 보지는 않았지만 입에서 입으로 전해 듣고, 여행 정보를 통해 확인해 그곳이 어떤 곳인지 대강은 알고 있었다.

현지에서 만난 사역자는 20회 이상 그곳을 방문했다고 했다. 나는 그분에게 관광을 하지 않겠다고 하니 현지 사역자 입장에서는 무척이나 아쉬워 했다. 유명한 앙코르 유적을 보지 못했지만 나는 아쉽지 않았다. 왜냐하면 관광의 즐거움도 좋지만 현지인들과 만나고 사역자들과 함께 사역을 나누는 것이 내게 더 큰 기쁨이기 때문이다.

캄 보 디 아 식　절 과　교 회

캄보디아도 다른 주변 국가들처럼 불교가 절대다수인 나라이다. 어디를 가도 절을 쉽게 볼 수 있다. 절은 어느 곳보다 넓은 장소로 인식된다. 그래서 결혼식도 절에서 하고 중요 절기마다 절에 간다. 사람들은 아침마다 집을 방문하는 승려에게 시주를 하고 축복 받는 것을 좋아한다.

또 불교도들은 절을 친근하고 언제든지 찾을 수 있는 장소로 생각하며, 필요하면 절에서 일하는 승려와 상담을 하기도 한다. 즉 절은 캄보디아인들의 생활과 밀접한 관계를 맺고 있는 곳이다.

　　불교문화가 절대적으로 자리 잡고 있는 캄보디아에서 교회는 어떤 모습으로 다가가야 할까? 교회를 쉽게 찾아올 수 있는 곳으로 인식하게 하고, 언제든지 찾아올 수 있는 공간으로 만들어 줘야 한다. 그들이 교회를 친숙하게 여기려면 교회에서 예배만 드릴 것이 아니라 현지인들 중심의 다른 환경도 제공해야 한다. 예를 들어 현지인들을 위해서 교육, 의료, 미용 등과 같은 배움의 기회를 제공하는 것이다. 그들이 교회에 와서 무엇인가 배우면서 복음을 듣게 될 때 언젠가 하나님을 만나게 될 것이다.

　　프놈펜에서 학교와 병원사역을 하는 곳을 방문했다. 병원을 운영하면서 영어와 한국어 그리고 컴퓨터를 가르치는 곳이었다. 방문한 건물에는 사역에 필요한 시설들과 함께 예배를 드릴 수 있는 공간도 있었다. 그곳은 현지인들과 친숙함을 도모할 수 있는 배움터와 놀이공간을 함께 제공하고 있었다. 그곳에서 사역하는 분은 현지인들의 마음을 읽고 그것에 따라 사역전략을 세워 적절하게 공간을 배치하고 배움의 기회를 마련했다. 캄보디아인들은 교회를 단순히 예배드리는 곳으로 생각지 않는다. 그들이 좋아하는 교회의 모습은 여러 가지 복합적인 기능의 장소이다.

맞 춤 식 선 교

단기봉사는 나라의 특성을 고려해 현지에 맞는 사역을 해야 한다. 그렇기 때문에 단기봉사 팀원들은 현지 사역자의 지시에 절대적으로 따라야 한다. 내가 만난 한 사역자는 단기봉사 팀이 오면 그들에게 현지인들과 친밀한 관계를 먼저 만들라고 강조한다고 했다. 하지만 봉사 팀의 입장에서는 현지인들과 친숙함 이상으로 영적 열매가 나타나는 어떤 사역을 하려고 한다. 그들은 복음을 전하러 왔지, 단지 현지인들과 사귀러 온 것이 아니라는 생각을 할 수도 있다. 그러나 현지 사역자가 봉사 팀에게 요구하는 것은 현지 사정을 고려한 맞춤식 사역인 것이다.

단기봉사 팀이 자기의 필요나 만족함을 얻기 위해 캄보디아에

불교 국가답게 이른 아침부터 활동에 나선 승려들이 모여 있다.

오는 것은 아닐 것이다. 봉사를 통해 현지에 필요한 사역을 할 수만 있다면 밥 짓는 일만 하고 돌아간다 할지라도 기쁨을 누릴 수 있어야 한다.

　　단기봉사 팀이 사역을 하면서 현지인들과 친밀한 관계를 맺고 돌아가면, 그 다음 현지 사역자들이 후속 처리를 할 때 큰 도움이 된다. 일단 현지인들이 열린 마음으로 사역자를 바라봄으로써 현지인들에 대한 접근이 한결 부드러워질 수 있다. 친밀감을 높이는 사역은 절을 친밀하게 생각하는 캄보디아인들의 의식을 생각할 때 놓칠 수 없는 선교전략이다.

병 , 병 원 , 의 사

　　현지 사역자 댁에서 점심식사를 하고 있는데 다른 지역에서 사역하는 사역자로부터 전화가 왔다. 한 아이가 놀다가 다쳤다고 긴급히 치료를 부탁한 것이다. 함께 식사를 하던 분 중에 한국에서 의료를 위해 오신 분이 계셨다. 그분은 즉시 환자를 데리고 병원으로 오라로 했다. 한국인 특유의 기동성이 발휘되었다.

　　의료 사역자가 캄보디아에 온 것은 현지인들을 대상으로 사역하기 위해서다. 그런데 의료사역이 반드시 현지인들을 위한 것만은 아니다. 의료 사역자의 사역 범위는 현지인을 넘어 사역자들과 자녀들 그리고 현지에 사는 한국인들을 위해서도 귀하게 쓰임 받고 있다. 현지 병원에서 치료가 안 될 경우도 많다고 한다. 특히 한국이나 미국에서 의료혜택을 받아 본 사람들이면 현지 병원의 수준을 쉽게 짐작할 수 있다. 만약 어린 자녀를 데리고 온 사역자라면 자녀를 기르면서 얼마나 많은 건강상의 어려움이 있겠는가! 비록 의료 수준이 뛰어난 외국계통의 병원에서 좋은 치료를 받을 수 있을지라도 높은 의료 비용을 각오해야 한다.

　　사람이 살아있는 한 병을 피하기는 어렵다. 병에 걸렸을 때 치료할 수 있는 병원과 의사가 없다면 그 얼마나 막막하고 답답하겠는가? 그러나 사역지에서 한국인 의사를 만날 수 있다면 그 자체가 축복일 것이다. 사역지에서 한국인들이 한국 의사의 치료를 받을 때 원활한 언어소통때문에라도 이미 병이 반은 나은 것 같을 것이다.

　　프놈펜에서 한국 선교단체로부터 파송받은 소아과 의사와 치과 의사를 만났다. 이들에 의해 현지인들과 현지 한인들이 누리는 의료 혜택은 하나님이 이들을 통해 주시는 축복이다. 이들이 한국에서 개업의로 일하는 것을 포기하고 캄보디아에 온 것은 하나님의 인도하심에 전적으로 순종한 결과이다.

　　현지 사역자들과 건강에 대한 대화를 나눴다. 더운 지역이라 물과 모기로 인한 병들이 많다고 한다. 종종 말라리아와 뎅기모기로 인해 생명의 위협을 당하기도 한단다. 건강이 개인의 책임이라 해도 타문화 권에서 겪는 환경적인 어려움은 결코 혼자만의 문제가 아니다. 함께 어려움을 나누고 도움을 받을 수 있는 동료가 절실하다. 그런 면에서 한인 의료 사역자는 의료봉사 이상으로 한인 사역자들의 마음의 큰 위로이자 축복인 것이다.

가까이서 본 생활 스케치

프놈펜에서 하루 10불을 지불하는 호텔에 머물렀다. 무더운 지역을 거의 에어컨도 없이 낮에 여행을 하여 에어컨이 있는 곳에서 쉬고 싶었다. 나는 호텔에서 편안한 하룻밤을 기대하며, 에어컨 소리가 시끄럽기는 했지만 시원한 밤을 상상하면서 잠을 청했다. 그런데 한밤중에 잠을 깰 수밖에 없었다. 에어컨이 소리만 요란했지 팬만 계속 돌아 방안이 너무 더웠다. 한밤중에 호텔을 바꿀 수도 없고…, 새벽이 오기만을 기다렸다.

다음 날 프놈펜에서 고속버스로 시아누크빌(Shianoukville)로 갔다. 에어컨이 된다는 버스를 탔는데, 차 안은 어젯밤 호텔과 거의 비슷했다. 에어컨에 대해서 마음을 비워야 했다. 캄보디아식 에어컨으로 기대 수준을 낮추는 수밖에 없었다.

시아누크빌에 머물면서 주일예배 참석차 현지인 교회를 찾았다. 교회 가는 길, 트렁크에 승객이 탈 수 있도록 개조한 캠리 승용차형 택시를 탔다. 미니 버스처럼 운영하는 택시에 무려 15명의 승객과 운전사가 탔다. 앞좌석의 운전석에 2명, 승객석에 2명, 뒷좌석에 4명이 탔다. 그리고 트렁크 문을 열고 7명이 더 탔다. 승용차에 15명이 타도 아무도 놀라지 않았다. 그들은 오히려 편안한 모습이었고 나만 놀라는 것 같았다.

시아누크빌은 한국의 부산과 같은 항구도시이다. 수출입 항구이면서 좋은 해변을 가지고 있다. 이렇게 깨끗한 바다를 보니 저절로 수영이 하고 싶어졌다. 나는 이 도시에서 사역하는 분을 만나러 갔다가 우연히 그분의 모친이면서 내가 섬기는 워싱턴 지구촌교회의 교인인 분을 만나 게 되었다. 그분은 현지 사역자로 봉사하는 딸을 만나기 위해 이곳을 방문 중이었다. 우리는 함께 시아누크빌 해변에서 화기애애한 식사시간을 가졌다. 외국에서 같은 교인을 만나 나눈 교제의 기쁨은 정말로 행복하고 소중하였다.

배 낭 여 행

시아누크빌에서 다음 여행을 위해 일단 방콕으로 돌아가야만 했다. 돌아갈 때는 입국 때와는 다른 태국의 코콩(Koh Kong)을 통과하는 육로 국경을 이용했다. 이른 아침 미니 버스를 타기 위해 정류장에 가보니 승객 대부분이 20대로 보이는 유럽출신 배낭여행자들이었다. 대화를 하면서 유럽의 젊은이들이 동남아시아를 많이 오고 있다는 것을 알게 되었다.

대부분 도로가 비포장도로였고 중간 중간에 강이 있는데 다리가 없어 페리(Ferry boat)로 차와 승객이 함께 건너갔다. 실제 거리는 멀지 않았지만 비포장도로와 페리를 이용해 다리를 건너다보니 시간이 꽤 많이 걸렸다. 그러나 이런 사정도 대략 2년 후면 좋아질 것 같다. 현재 태국 정부의 지원으로 다리 건설과 도로포장공사가 한창 진행 중이었기 때문이다. 덜거덕거리는 시골길을 달리는 어려움은 있었지만 강을 건너기 위해 잠시 기다리면서 사진도 찍고, 가게에서 간식도 사먹고, 휴식도 취하면서, 아름다운 자연 속에 사는 현지인들의 생활을 직접 접하는 기쁨도 있었다.

그들은 아직 현대문명의 혜택보다는 순수한 시골 정서를 가지고 살아가는 사람들이었다. '킬링필드'(Killing Fields)와 같은 정치적인 고통을 겪기는 했지만 복음의 문이 열려있는 이 나라에 복음의 축복이 단비처럼 내리길 바라는 마음으로 국경을 넘었다.

페리에서 본 캄보디아 시골 마을. 방콕으로 돌아가는 도중 페리로 강을 여러 번 건넜다.

7장 변화의 현장

캄보디아에서 방콕으로 돌아온 다음 날, 태국 남부의 한 도시로 이동했다. 방콕에서 오후에 출발해 다음 날 이른 아침에 도착하는 열차를 이용했다. 열차는 일반 열차로 운행되다가 밤에는 침대차로 바뀌었다. 거의 16시간을 걸려 목적지에 도착했다.

남부에서는 크게 세 가지 일을 했다. 먼저 이슬람권에서 사역하는 한인 사역자들을 위한 회의와 이슬람권 선교를 위한 국제회의 참석, 그리고 말레이시아 북부의 큰 섬 페낭을 방문했다.

여행 29일 차부터 4일간 태국 남부에서 열린 두 회의를 참석하고 33일 차에 페낭으로 갔다. 이곳에서의 여행을 통해 2004년 12월에 일어났던 쓰나미에 대한 사역 현장과 그 후속처리에 대한 소식을 직간접으

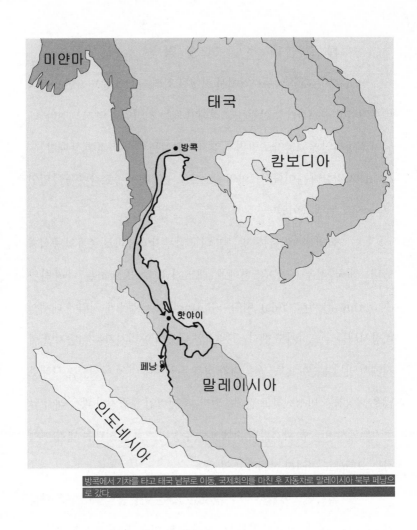

방콕에서 기차를 타고 태국 남부로 이동. 국제회의를 마친 후 자동차로 말레이시아 북부 페낭으로 갔다.

로 경험할 수 있는 기회를 가졌다.

불 교　대 (代)　이 슬 람

나는 태국 남부지역에서 진행될 회의 참석을 준비하면서 태국 남부지역이 선교전략상 안전을 고려해야 되는 지역임을 알게 되었다. 태국이 전형적인 불교국가로 알려져 있지만 현실은 달랐다. 통계상 대략 5% 전후를 차지한다는 이슬람교와의 갈등으로 곳곳에서 종교간 충돌이 있었고, 현재도 진행 중이었다.

회의 참석을 위해 방문한 태국 남부지역이 바로 충돌의 중심지였다. 태국 정부가 2005년에는 테러가 자주 발생하는 나라티왓(Narathiwat), 얄라(Yala), 빠따니(Pattani) 등 남부 3개 지역에 대해서 비상사태를 선포하기도 했다. 구체적인 내용이 알려지지는 않았지만 현지에서 만난 분은 무슬림 시위대와 정부 진압부대 간에 유혈충돌 사태로 많은 사상자가 발생했다고 말해주었다. 세계적인 관광지가 많은 태국 남부지역에서 이슬람 과격파의 소행으로 추정되는 폭력 사태는 내가 여행하는 그때에도 여전히 잠재하고 있었다.

역사적으로 남부지역 주(State)들은 이슬람의 독특한 문화를 가지고 있어 태국 정부의 영향권 아래에 있는 것을 원치 않았다. 그 결과 정부와의 충돌이 최근까지 계속되어 왔다. 이슬람은 태국 전역에 조금씩 퍼져 있는 편이다. 이들도 자기들의 영역 확장을 위해 여러 지역에 많은 이슬람 선교사를 파송하고 있다고 한다.

무 슬 림   선 교 가 능 성

이미 언급한 대로 태국에는 이슬람이 전국적으로 분포되어 있다. 특히 북부의 산족들과 남부지역에 무슬림들이 많다. 방문한 도시에서 무슬림들과 현지 사역자들의 삶을 가까이서 보았다. 태국 내에서 무슬림의 비율이 가장 높다는 남부에서 사역하는 사역자들은 예상 외로 적었다. 수백 명의 한국인 사역자들이 있는 방콕과 비교가 되었다. 현재 남부지역의 선교사역은 한인 사역자보다 서구에서 파송된 분들에 의해서 사역이 주도되고 있었다.

일단 태국 남부지역의 무슬림 선교사역은 가능성이 높게 보였다. 관광이 주요산업인 태국은 외국인들의 출입국이 자유롭다. 그리고 외국인들을 자주 대하는 이들은 외국인과의 접촉에 대한 거부감이 적다. 또한 외국인과의 자유로운 접촉을 장려하고 타종교에 대해서 배타적이지 않는 태국 정부의 정책이 선교적 접근을 가능하게 한다.

그러나 사역에 있어서는 장애요소도 몇 가지 눈에 띄었다. 무슬림 중에서 기독교로 개종한 사람은 매우 미비했다. 남부 이슬람 지역의 테러 가능성 때문에 사역 활동이 활발한 편은 아니다. 이런 지역적인 어려움이 있음에도 불구하고 사역자들은 한결같이 태국 남부의 무슬림들이 조금씩 변화되고 있음을 전했다.

더 이상 람보는 없다

이슬람권 사역자을 위한 국제회의에 앞서 한인 사역자들의 회의가 먼저 열렸다. 그 회의에서 발제자들을 중심으로 사역 현장에서 일어나고 있는 변화 상황에 대한 내용을 주고받았다. 한 발제자는 2006년 초, 초교파적인 선교회의로 열린 방콕포럼에서 발표되었던 핵심내용을 전해주었다. 그것은 '더 이상 람보는 없다' 는 제목의 내용이었다. 이는 한인 선교사들이 효과적인 사역을 하기 위해서 뛰어난 영웅인 람보식 개인사역보다는 팀 사역을 해야 됨을 강조한 것이다. 함께 동역할 때 사역에 시너지효과를 기대할 수 있다. 팀 사역은 이제 선택이 아니라 의무적인 사항으로 받아들여야 한다는 것이다.

"보라 형제가 연합하여 동거함이 어찌 그리 선하고 아름다운고"

(시 133:1)

'형제' 는 서로 사랑 안에서 이루어지는 관계이다. 사랑을 바탕으로 사역자들이 팀을 이뤄 사역할 때 더 큰 열매를 얻을 수 있다.

사역지 방문을 해보면 의외로 큰 사역을 감당하고 있는 한인 사역자들을 만날 수 있다. 뜨거운 열정을 가지고 그들이 이룬 결과들을 볼 때 많은 사람들은 깜짝 놀란다. 짧은 기간 내에 언어의 장애를 뛰어넘어 교회를 세우고 현지인들과 함께 사역을 이끌어가는 모습이 정말 놀랍다. 그런데 그분들을 개인적으로 인터뷰하면서 그들이 겪는 어려움을 구체적으로 알게 되었다. 먼저 그들은 사역 규모만큼이나 재정 부분이 큰 부담이었다.

또 안식년을 갖지 못할 정도로 사역지를 장기간 떠날 수 없는 형편에 처해 있었다. 이런 어려움을 어떻게 해결할 수 있을까? 바로 팀 사역이 해결의 실마리를 제공해 줄 수 있다.

팀 사역을 하게 되면 아무리 사역이 많아도 동료들이 돌아가면서 안식년을 갖고 재충전할 기회를 가질 수 있다. 또 팀 사역은 아이디어를 공유하고 서로 역할을 분담하는 장점도 있다. 계속해서 재정이 요구되는 사역일 경우에는 모금에 대한 개인적인 책임분담도 가능하다. 장기적인 사역일 경우에는 그 사역을 다른 분에게 전수함으로써 사역의 연속성이 보장될 수 있다.

혼자 사역을 하다보면 건강상 무리를 할 뿐 아니라, 설령 건강에 문제가 와도 자신을 돌보기가 어려워진다. 일반적으로 사역자들은 건강상 조금 무리가 있다고 해도 쉽게 사역을 놓지 않는 경향이 있다. 하지만 과로에는 어떤 장사도 없다. 건강을 지키고, 일을 분담하고, 책임을 나누고, 창의적인 아이디어를 나눔으로써 사역의 열매를 극대화시킬 수 있는 것이 바로 팀 사역이다.

무 슬 림   대 상   사 역 자 들

이슬람권에서 사역하는 한인 사역자 모임에서 지역교회와 파송교회에 당부하는 그들만의 애로사항을 듣게 되었다. 그것은 지역교회와 성도들이 눈에 보이는 사역 결과만 요구한다는 것이다. 기독교에 적대감을 가지고 있는 무슬림들에게 무리하게 사역을 진행한다는 것은 어려운 일이다. 조심스럽게 한걸음씩 나아가는 장기적인 비전을 가진 사역전략이 필요하다. 이런 사역 현장의 현실을 이해해줘야 한다는 것이다.

지역교회는 오히려 희미한 빛을 바라보면서 사역하는 이슬람권 사역자들을 격려하고 후원해줘야 한다. 사역 현장을 조사해 보면 이슬람권 지역에서 무슬림만을 대상으로 사역하는 사역자들이 의외로 적다. 만약 지역교회가 지원하는 사역자가 무슬림만을 대상으로 사역하고 있다면, 비록 사역 결과가 눈에 띄지 않는다 할지라도 사역을 더 격려하고 지원을 아끼지 말아야 한다.

이들이 사역지에서 겪는 가장 큰 어려움은 자신과의 영적싸움에서 이기는 것이다. 무슬림을 상대로 사역하는 분들 중 일부는 전혀 예배를 드리지 못하면서 지낸다. 이렇게 예배를 드리지 못하는 상태가 계속되다 보면 자신도 모르는 사이에 이슬람의 영향을 받을 수 있다. 이런 우려스런 상황이 오지 않도록 파송교회와 단체는 무슬림을 대상으로 사역하는 분들이 자기 정체성을 잃지 않도록, 그들에 대한 세심한 돌봄과 관심을 가져야 할 것이다.

무슬림을 대상으로 사역하는 분들은 안전을 고려해 자기 신분을 스스로 지켜야 한다. 장기사역을 함에 있어서 쉽게 신분이 노출된다면 사역의 수명을 단축할 수 있다. 가끔 그들은 이런 말을 듣는다고 한다.

'현지 사역자가 교회도 나가지 않는다더라.'

'현지 사역자가 다른 사역자와 접촉도 하지 않는다.'

이런 말들을 들을 때 당사자들의 심정은 어떠할까? 우선 이들을 이해하려면 지역교회와 성도들이 '상황화'(Contextualization)라는 사역 전문용어를 이해해야 한다. 상황화는 사역자들이 현지에서 생활하는 방식에 크게 영향을 끼친다. 예를 들어 사역자가 현지에서 화장실용 휴지를 쓸 때, 이것은 그곳 사정에 따라 사치품으로 보일 수도 있고, 생활필수품으로 볼 수도 있다. 그것은 현지 상황을 고려하여 결정한다. 그 결정에 따라 사역자들의 생활방식이 달라진다.

그들이 왜 교회에 나가고 싶지 않겠는가? 왜 스스로 고독을 자처하겠는가? 그렇게 하고 싶지 않음에도 불구하고 그렇게 하는 것은 바로 자신이 사역하고 있는 사역지의 상황을 고려한 것이다. 무슬림을 상대로 사역하다 보면 신분 노출로 인해 일어날 어려움을 너무나 잘 알기에 그러한 행동결정을 하는 것이다.

무슬림을 상대로 하는 사역자의 일터에 단기봉사를 가게 되면 기대에 못 미치는 사역을 할 수도 있다. 땅밟기 기도, 문화교류, 영어로 친구 사귀기, 무슬림 가정에서 민박 등이 사역의 방법이 될 수 있다. 이런 사역들은 당장의 열매는 얻기 어렵다. 그러나 현지의 상황화를 이해한다면 기쁨으로 사역에 임할 수 있다. 현지 사역자들은 단기봉사 팀들이 이런 점을 고려해주기 바라고 있다.

이슬람권에서 사역하는 분들에게 연락할 때도 보안에 신경을 써야 한다. 이메일이나 전화를 하면서 '선교사', '교회', '목사님' 등과 같은 용어를 쓰면 곤란하다. 왜냐하면 통신 도청 때문이다. 가끔 전화를 하면서 사역자들에게 곤란한 용어를 쓰면 사역자들은 말을 바꾸거나 전화를 끊어버리기도 한다. 연락을 취할 때는 현지에서 사역하는 분들의 상황을 고려해서 접촉해야 함을 잊어서는 안 된다.

말 레 이 의   딜 레 마

무슬림을 대상으로 사역하는 분들이 모이니 자연히 대화가 이슬람 사회에 대한 내용이 주를 이루었다. 회의는 태국 남부에서 열렸지만 말레이시아에 대한 사회 상황도 많이 다루어졌다.

말레이시아에는 전체 인구 중 60%를 차지한다는 말레이족이 딜레마에 빠져 있다고 한다. 청소년들이 종교적으로는 무슬림이지만 부모세대 만큼 종교적인 규율을 따르지 않고 있다. 부모세대와는 달리 그들은 모스크에 가는 것을 좋아하지 않는다. 또 그들은 언어 면에서 세계 공통어인 영어에 대해 관심이 많다. 그래서 모스크에서 사용하는 아랍어나 모국어인 말레이어에 대한 애착심은 떨어진다고 한다. 세계화, 개방화 그리고 세속화로 인해 무슬림들이 점점 변화되지 않을 수 없는 형편에 처하고 있다.

현지 사역자들은 청소년 문제가 심각하다고 말한다. 경제적으로 여유 있는 상류층 자녀들이 펍(Pub)[8]이나 나이트클럽에 가서 놀기도 한다. 그리고 중·하류층 가정의 자녀들은 놀이문화가 거의 없는 이슬람 문화에서 젊음을 발산할 곳을 찾지 못해 가끔은 마약에 손을 대기도 한다. 서구 사회에서 일어나고 있는 마약, 동성연애, 음주 등과 같은 문제가 이들에게도 조금씩 노출되고 있는 것이다.

대졸자 중에 여성들의 수가 남성보다 압도적으로 많다. 고학력 여성들이 많아지면서 여성들이 적절한 결혼 상대자를 찾지 못해 싱글로 사는 여성들이 많다. 결혼을 한다고 해도 고학력 여성들이 경제적으로 가정을 이끌어 가는 경우가 많아지고 있다. 말레이시아는 현재 60%의 말레이족을 80%까지 그 수를 올리려는 계획을 갖고 있다. 이 일을 위해 연구하는 석학들도 많다. 이들은 말레이족 출산장려정책을 통해 이슬람을 확장시키려는 계획을 가지고 있는 것이다.

일반적으로 이슬람 국가들은 종교적인 엄격함 때문에 사회가 매우 보수적으로 알려져 있다. 그러나 종교적인 이상을 지키기에는 외적인 압력과 변화의 물결이 거세 무슬림들도 딜레마에 빠지게 된다.

때 로 는 담 대 함 도 필 요 하 다

사역자들의 모임에서 놀라운 이야기도 들을 수 있었다. 참석자

---

8 Public house의 줄임말로 영국 스타일의 술집을 말한다. 사람들과 어울리면서 맥주를 마시거나 스포츠 중계를 보기도 한다.

들 중에 무슬림을 대상으로 직접적인 개인전도의 가능성을 보여준 분이 있었다. 이슬람권에서 개인전도는 현실성이 떨어지는 전도 방법이다. 그러나 사회가 그런 사역을 할 수 있는 환경이 조성될 때까지 기다릴 수만은 없다는 것이다. 뱀처럼 지혜롭게 접근해 보는 것이 필요하다.

개인전도를 하고 있는 사역자는 여러 장소를 방문해 개인적인 대화로 전도 기회를 만든다고 한다. 사회적으로 위험과 제약이 따르지만 때로는 담대함으로 복음을 전한다고 한다. 그러한 가운데 하나님께서 역사하심을 경험한다고 한다. 그분의 간증을 들으면서 무슬림을 대상으로 사역하는 사역자가 순수하게 개인전도만을 하는 것이 놀라웠다.

개인전도가 시골 지역에서는 어렵지만 도시 지역에서는 가능성이 높다고 한다. 특히 세계화에 관심이 많은 청소년들에게는 시도해 볼 만하다고 말한다.

국 제 회 의

한인 사역자 모임을 마친 다음 날부터 또 다른 장소에서 이슬람 지역의 사역자들을 위한 국제회의에 참석했다. 이 회의에는 9개 나라에서 무슬림들을 대상으로 사역하는 사역자들과 싱가포르교회 교인들이 사역 지원을 위해 참석했다. 그리고 몇 명의 무슬림 배경을 가진 개종자(MBB, Muslim Background Believers)들도 참석했다.

세미나에서 한 강사는 '우리가 왜 무슬림들을 사랑해야 하는가?' 라는 강의를 하면서 무슬림을 향한 포괄적인 사역 과정을 한 종족을 예로 들어 설명했다. 무슬림을 위한 사역에서 결과를 내려면 오랜 시간이 걸린다. 그러므로 천천히 인내력을 가지고 사역을 해 나가야 한다.

여러 세미나가 진행되면서 선교 현장에서 일어났던 간증과 선교에 대한 의견들이 흥미롭게 오고갔다. 특히 토론 시간에는, 이슬람권 사역은 사역의 결과가 당장 보이지 않는다 해도 계속해서 하나님께서 역사하실 것을 기대하며 사역을 해나가야 한다는 점이 강조되었다.

국제회의였지만 참석자들 중 상당수가 중국계 사람들이었다. 중국계 사람들이 동남아에 많이 살면서 기독교에도 영향력을 끼치고 있었다. 국제회의를 위해서 싱가포르의 한 교회가 후원을 했는데, 교회 청년들이 참석해 회의 진행과 찬양 인도를 돕는 등 많은 역할을 했다.

회의 중 무슬림에서 개종한 크리스천들의 간증이 인상적이었다. 이들은 사회적인 어려움을 뛰어넘어 당당하게 자신의 신앙을 표현한 사람들이다. 무슬림은 개종한 사실이 공개적으로 알려지게 되면 그들 사회에서 쫓겨나게 된다. 그들은 자신들에게 다가올 고통을 뻔히 알고도 자신의 신앙 정체성을 공개적으로 밝혔다. 그들은 간증을 하면서 밝은 표정으로 복음을 받은 자가 누리는 기쁨을 참석자들에게 마음껏 표현했다.

회의에서 논의된 내용들이 많았다. 그러나 현지 사역자들의 사역과 안전을 위해서 구체적인 내용을 기록으로 남기기는 어렵다. 무슬림을 상대로 사역하는 분들이 안전하고 지속적으로 사역할 수 있도록 하기 위해서는 항상 말과 행동에 있어서 신중함과 절제가 필요하다.

중 국 인 을 위 한 신 학 교

국제회의를 마치고 말레이시아에서 사역하는 두 분과 함께 자동차로 말레이시아의 북서 해안에 위치한 아름다운 섬 페낭으로 향했다. 육지에서 페낭으로 들어가기 위해 말레이시아 사람들이 자랑하는 아시아의 가장 긴 다리-약 13.5km-를 건넜다. 섬을 돌아보니 정말 아름다워 '동양의 진주'라는 별명이 아깝지 않게 느껴졌다.

페낭에서는 현지 사역자들과의 만남, 한인교회 방문, 쓰나미 복구 현장 그리고 신학교 방문 등으로 일정을 보냈다.

언덕 위에 세워진 신학교는 바다가 보이는 확 트인 곳에 자리 잡고 있었다. 학교 내에는 원숭이들이 살고 있어 열대지방의 분위기를 그대로 느낄 수 있었다. 학생들은 대부분이 중국계 학생이었다.

학교는 교수들과 학생들이 가족처럼 지낼 정도로 공부하기 좋은 분위기였다. 한 분은 미국에서 학위를 받고 이곳에서 교수사역을 하고 있었다. 학생들은 평소 친어머니같이 뒷바라지를 해주는 그분을 많이 따랐다. 이런 학생과 교수 사이의 애정어린 관계를 보면서 느낀 점이 많았다. 졸업 후 학생들이 사역을 함에 있어서 자신들이 학교에서 교수로부터 받았던 그 사랑을 비슷하게만 나누어도 좋은 결과를 얻을 수 있을 것 같았다.

이 학교는 한 미국 선교단체에서 교수진과 재정적인 지원을 해주어 학교를 운영해 왔으나, 현재는 후원단체의 정책에 따라 재정적인 도움이 거의 중단된 상황이다. 학교 운영에 대한 구체적인 소개를 받아보니 재정적인 어려움이 상당히 컸다. 말레이시아 내의 교회에서도 후원이 많은 편이 아닌데, 학생들에게는 그래도 장학금을 계속 지급해줘야 하는 현실이 큰 부담이었다.

사역지에서 진행되는 사역들은 언제든지 이런 상황을 감안해야 한다. 재정적인 지원이 무한정 되지 않기 때문이다. 지원 단체나 혜택을 받는 단체가 서로 재정 지원의 유한성에 대한 이해가 있어야 한다.

푸껫(Phuket) 부근 쓰나미(Tsunami)

인도네시아의 반다아체(Banda Aceh) 지역에서 시작된 쓰나미는 동남아와 멀리 아프리카까지 피해를 입혔다. 태국과 말레이시아도 쓰나미 피해를 입었다. 태국 남부와 페낭 섬을 방문하면서 쓰나미와 관련하여 당시 상황을 듣기도 하고, 실제 장소를 방문하기도 했다. 태국은 국제적인 관광지로 알려진 남부의 푸껫 근처에서 쓰나미 피해를 입었다.

쓰나미가 발생했을 때 태국 북부지역에서 사역하던 몇 분들이 지원 사역에 직접 참가한 이야기를 해 주었다. 그들은 누가 요청하지도 않았는데 자발적으로 사건 현장을 찾았다. 그들의 세상을 향한 인도적인 마음과 사랑의 실천이 현장에서 빛을 발했다.

그들은 피해 현장에서 차마 눈 뜨고 보기 어려울 정도의 처참한 피해 광경들을 목격했다. 당시 한국인 피해자들의 신원을 파악하고 사태를 수습하기 위한 법의학 팀을 한국 정부에서 파견했다. 그들이 피해자 후속 조치를 취하는 데 선교사들의 협력이 매우 중요했다. 일단 그들의 언어 능력이 돋보였다. 평소 사역을 위해 준비된 그들의 언어 능력이 큰 역할을 담당했다. 한국과 태국 정부 당국자간의 통역을 하면서 더위에 온갖 악취와 쓰레기 더미의 현장에서 지내는 것을 기꺼이 감당했다.

봉사에 참여했던 한 분은 나에게 사진을 보여주면서 당시 상황을 열심히 설명해 주었다. 처참했던 현장 사진들이 그때의 참혹함을 다시 한 번 생각나게 했다. 그리고 현장에서 이름도 없이 빛도 없이 오직 섬김의 열정으로 함께 사역했던 분들의 땀 흘리는 모습이 그려졌다.

푸껫에서 북쪽으로 한 시간 반 정도 떨어진 지역에서도 큰 피해를 입었다. 그 지역은 유럽인들이 선호하는 관광지로 쓰나미로 인해 유럽인들이 집중적으로 생명을 잃은 곳이다. 긴 겨울을 피해 크리스마스 휴가를 보내기 위해 온 사람들이었다. 휴가를 보내다 생명을 잃은 그들 중 몇 명이나 복음을 받아들인 사람들이었을까?

페 낭^(Penang) 섬 에 서 의 쓰 나 미

페낭 섬도 쓰나미 피해 지역이다. 다른 나라들보다는 피해가 적었기에, 피해 현장은 거의 복구되어 전체적인 피해 상황을 눈으로 볼 수는 없었다. 그러나 부분적으로 바닷가 근처에는 아직도 부서진 집들이 그대로 방치되어 있었고, 일부 쓰나미 피해자들은 피해 지역에서 멀지 않은 곳에 정부가 마련해준 임시 거처에서 지내고 있었다.

쓰나미 피해 지역에서 가까운 곳에 모스크가 있다. 그곳은 바다 위에 지어진 건축물이다. 말레이 무슬림들은 쓰나미와 같은 강한 해일에도 모스크가 피해를 입지 않고 건재한 것이 알라가 지켜준 결과라고 했다. 이 일로 현지 무슬림들은 이슬람 신앙이 더욱 강화되었다고 자랑스럽게 말했다.

며칠을 페낭에 지내는 동안 나는 쓰나미 피해 지역 근처에 숙소를 정했다. 하루에도 여러 번 그 지역을 지나면서 아직도 임시 거처에서

1. 쓰나미에도 아무런 피해가 없었다고 현지 무슬림들이 자랑하는 모스크
2. 아직도 복구되지 않은 쓰나미 당시의 현장. 폐허가 된 뒤편에 모스크가 보인다.

영구적인 거처를 기다리는 피해자들을 보았다. 이제 쓰나미가 발생한 지 거의 2년이 다 되어가고 있다. 최소한 집과 같은 외적인 상처는 빨리 회복되어야 할 텐데….

중 국 인　교 회 가　중 요 하 다

동남아시아 여러 나라를 여행해 보면 중국인들의 강한 경제력을 알 수 있다. 역사적으로 어떤 과정을 거쳐 그들이 현지에 정착하게 되었는지 일일이 알 수는 없지만, 그들의 수나 경제력은 결코 과소평가할 수 없다. 그들의 많은 수에 비례해 중국인들이 출석하는 교회도 점점 증가하고 있다.

말레이시아의 경우에는 종교법에 의해서 무슬림들에게 직접적인 전도를 할 수 없다. 그렇다고 해서 중국교회가 사역을 등한히 하고 있는 것은 아니다. 제한된 환경 속에서도 중국인 교회는 그들 나름대로의 사역을 하고 있다.

그들이 할 수 있는 사역에는 먼저 무슬림들을 위한 기도사역을 들 수 있다. 기도는 사회적인 통제를 뛰어 넘을 수 있는 좋은 영적 도구이다. 기도는 선교를 위한 토양에 씨를 뿌리는 것과 같다. 중국인 교회들이 무슬림을 위한 중보기도를 시작할 때 영적 변화를 서서히 기대할 수 있을 것이다. 무엇보다 이슬람 사회에 변화가 와서 복음을 전할 수 있는 환경이 될 그때를 미리 대비해야 한다. 그 준비 사역을 할 수 있는 곳이 바로 중국인 교회들이다. 중국인 교회들이 하나님의 때를 대비해 일꾼을 미리 준비시켜 놓으면 그 준비된 일꾼들을 통해 하나님이 일하실 것이다.

8 장 쓰나미 Tsunami

　　여행 35일 차에 페낭에서 인도네시아 수마트라(Sumatra) 섬의 큰 도시인 메단(Medan)을 방문했다. 그 다음 날 메단을 경유해 쓰나미로 인해 가장 큰 피해를 본 반다아체를 다녀왔다. 반다아체에서는 쓰나미 피해 장소를 직접 방문했다. 다시 반다아체에서 메단으로 돌아와 현지 사역자가 운영하는 신학교를 방문해 새로 마련된 지도자 양성을 위한 비전의 땅을 밟았다.

　　수마트라 섬은 인도네시아에서 이슬람이 가장 먼저 들어온 곳으로 주민들의 절대다수가 이슬람을 믿고 있다. 또한 메단은 쓰나미의 최대 피해 지역인 반다아체로 가는 교통과 물류의 전초기지이다.

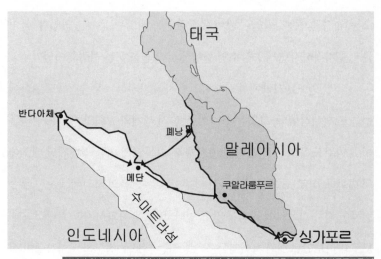

인 도 네 시 아 (Indonesia) 보 기

인도네시아는 1억 8천만의 세계 최대의 무슬림 인구를 가진 나라이다. 기독교, 가톨릭교, 불교 그리고 힌두교를 이슬람교와 함께 종교로 인정하고 있다. 전체 인구 2억 3천만 명 중 약 5%가 기독교 인구이다. 종교적으로 세계 최대의 무슬림 인구가 있지만, 공식적으로 이슬람 국가를 표방하고 있지는 않다. 그러나 인도네시아가 이슬람 국가가 아니라 할지라도 기독교를 마음대로 허용하는 나라는 절대 아니다.

인도네시아를 처음 간다고 하니 이전에 그곳을 방문한 몇 분이 경험담을 들려주었다. 아마 공항 입구에서부터 구걸이나 짐을 들어주겠다는 사람들 때문에 어려움이 많을 것이라고 알려주었다. 메단 공항을 나

오는 데 접근하는 사람들이 많아 복잡하기는 해도 큰 문제는 없었다. 굳이
문제를 지적하자면 공공장소인 공항에서 흡연을 하는 사람들이었다.

　　인도네시아에서 절대적인 숫자를 차지하는 무슬림들도 변화에
눈을 뜨기 시작했다. 그것은 쓰나미 직후 전 세계의 교회와 현지 사역자들
이 보여준 도움의 손길로 인해 생기게 된 기독교에 대한 적대적인 태도에
의 변화다. 아무 조건 없이 섬기고 나누어 주는 그들의 섬김에 감동한 무슬
림들이 점차 기독교에 관심을 갖고 있다. 일부에 불과하지만 적대적인 태
도로 바라보았던 현지 사역자들을 수용하는 태도로 접근하는 사람들이 점
점 늘어나고 있다. 이렇게 사회 환경이 변하고 있기는 하지만 여전히 기독
교와 이슬람이 대립적인 관계에 있음을 부인하기 어려운 현실이다.

　　이곳에서는 평균 수명이 길지 않기에 60세가 넘고 손자가 있는

독립기념일 행사 훈련으로 고등학생들이 행진하고 있다. (사진제공: 이금주)

분이 죽으면 호상이라고 한다. 일단 상을 당하면 자기 집 앞에 앉을 자리를 깔고, 가라오케처럼 크게 노래를 부르면서 축제 같은 시간을 보낸다. 이웃이 시끄러울 정도로 노래를 불러도 다들 참아 준다고 한다.

반 다 아 체 (Banda Aceh)

반다아체는 인도네시아의 서쪽에 위치한 큰 섬 수마트라의 최북단에 위치한 아체 주의 수도이다. 아체(Aceh)에는 85%의 아체족과 그 외 가야족을 비롯한 6개의 소수민족으로 구성되어 있다고 한다.

적은 인구를 가진 아체 주는 천연가스나 석유와 같은 자원이 많아 인도네시아 정부와 자원 분배로 인한 갈등이 깊다. 자연스럽게 아체 주민들은 정치적 독립과 자원 이용에 대한 권리를 주장하면서 정부에 대항하는 투쟁을 벌여왔다. 그래서 쓰나미가 나기 얼마 전까지만 해도 아체는 매우 위험한 곳으로 알려졌다. 정부군과 반군간의 싸움이 계속되었기 때문이다.

아체 주는 종교법이 우선적으로 적용되는 곳이다. 쓰나미 이전에 이 지역의 종교 지도자들은 외국인들이 들어오는 것을 반대했다. 외국인들이 들어오면 자연히 개방화가 될 것이고, 이로 인해 자신들의 위치에 위협이 될 수 있다고 판단했다. 아체 주민들은 아체 지역을 거룩한 땅으로 여긴다. 거룩한 땅에 돼지고기 같이 부정한 음식을 먹는 자들을 받아들일 수 없으므로 이슬람 이외의 다른 종교 유입은 막아야 한다는 것이다.

아체 지역의 종교 지도자들은 흔들리는 이슬람의 가치관을 지키기 위해, 배꼽티를 입으면 징역 10년, 공공장소에서 키스하면 벌금 500불 혹은 징역 5년에 처하는 법 제정을 추진 중이란다. 이것은 이슬람 사회가 종교적 규율에 반한 사회적 변화를 법으로라도 막겠다는 의도를 드러낸 것이다. 하지만 인도네시아 정부 한편에서는 미국의 성인 잡지 중 하나인 플레이보이와 같은 잡지 판매를 허락했다고 하니 참으로 아이러니한 일이 아닐 수 없다.

신 분 상 승 여 행

아체 주는 인도네시아 무슬림들에게 정서적으로 중요한 지역이다. 이 지역을 통해 처음 이슬람이 들어왔기 때문이다. 이들은 아체를 메카의 관문으로 부른다. 무슬림들이 평생 꿈꿔오는 성지순례 즉 하지를 다녀오기 위해서, 이곳에서 훈련을 받고 여행을 출발한다. 동시에 이곳은 성지순례를 마치고 돌아오면 여행증명서를 발급받는 장소이기도 하다.

무슬림들은 하지를 다녀오면 신분상승이 된다고 믿는다. 여행을 다녀온 사람들은 쓰는 모자도 달라지고, 천국에 가면 지위도 달라진다고 믿는다. 그런 이유로 나이든 분들이 많이 가려고 한다. 그리고 하지를 위해 쓰는 돈은 깨끗한 돈만 사용해야 된다고 믿는다. 여행을 위해 필요한 경비 3,500만 루피아(한화로 약 400만원)는 아체 사람들에게는 엄청난 금액이다.

NGO에서 일하는 한 외국인이 아체에서 2년간 집 렌트 계약을 현지인과 했다. 그런데 얼마 후에 이분이 비자 문제로 1년만 계약을 하자고 다시 제안했다. 그러자 집 주인은 약속을 어겼다며 집에서 그분의 짐을 꺼내고 나머지 돈도 안 돌려 주겠다고 했다. 할 수 없이 외국인은 경찰을 불렀고 양측 이야기를 다 듣고 난 경찰은 NGO 외국인 편을 들어 주었다. 왜냐하면 영장도 없이 짐을 집 밖으로 내었기 때문에 주인이 잘못했다는 것이다. 나머지 돈도 돌려받았다. 나중에 주인이 그렇게 한 이유를 알아보니 주인은 그 남는 돈으로 하지여행을 가려고 했다는 것이다. 무슬림들이 얼마나 하지여행을 가고 싶어 하는지, 그들의 마음을 알 수 있었다.

2 0 0 4 년   1 2 월   2 6 일

2004년 12월 26일. 인도네시아 수마트라 섬 북쪽 아체 주 앞바다에서 발생한 쓰나미(지진해일)는 엄청난 피해를 가져온 대재앙이었다. 그 피해는 동남아, 인도양 그리고 멀리 아프리카까지 밀어닥쳤다. 여러 나라가 엄청난 피해를 입었지만 인도네시아의 반다아체가 제일 큰 피해지역이었다. 쓰나미 이전에는 그 도시 인구가 약 35만 명이었는데, 쓰나미로 인해 거의 15만 명 정도가 생명을 잃었다고 한다.

현지에서 들은 내용을 토대로 쓰나미 사건 당일의 상황을 묘사해 본다.

평온한 주일 오전,

아름다운 인도양 바다를 볼 수 있는 반다아체 해변

사람들이 휴식을 즐기고 있다.

해변 모래사장에서 군인과 경찰 공무원들이 체육대회를 한다.

그래서 해변에 유난히 사람들이 많다.

한국시간으로 오전 10시경,

갑자기 해변에 큰 변동이 생겼다.

바닷물이 거의 직선거리로 1.5km 정도 밀고 들어왔다 나가 큰 공터를 만들었다.

너무나 신기한 일이 일어났다.

바다에서 육지로 바뀐 그 땅에서 고기들이 펄쩍펄쩍 뛴다.

사람들은 새로 생긴 바다 땅을 보면서 자꾸 바다 쪽으로 간다.

바다 땅 속에 있을 것 같은 조개 찾기에 나섰다.

바다 밑에 있던 온갖 알려지지 않은 것들을 줍는다.

조금 있으면 어떤 일이 일어날지 전혀 모른 채 재미있는 시간을 보내고 있다.

그 시간에 동물들은 무언가를 느끼고 장소를 이동하기 시작했다.

약 30분 후,

저 멀리서 작은 파도가 밀려 온다.

사람들은 크게 신경 쓰지 않는다.

실제 큰 파도가 아니었기 때문이다.

그런데 그 파도가 해안가에 가까이 오자 큰 파도로 변하기 시작했다.

거의 6m나 되는 높은 파도를 보고 사람들은 정신없이 도망가기 시작했다.

이런 큰 파도가 세 번이나 몰아쳤다.

엄청난 파도를 보고 도망치기 시작했지만,

파도가 밀려오는 속도에는 당할 수가 없었다.

사람들이 파도에 쓸려간다.

어떻게 할 수가 없다.

바닷가에 있는 사람들 거의 모두가 싹쓸이 되듯이 바다 속으로 끌려 들어갔다.

바다에 떠있던 5만 톤급 전기 공급선이 주택가로 밀려왔다.

성난 파도는 해안가를 지나 낮은 지대를 휩쓴다.

바닷가 근처 공장에 있던 사람들도 쓸려간다.

거세게 밀고 들어온 바닷물이 강 좌우에 위치한 주택과 시가지를 덮었다.

시가지를 덮은 물이 바다를 이룬다.

바다가 된 주택가에 큰 전기선이 떠다닌다.

전기 사용은 사치스러운 이야기다.

파도는 해변을 휩쓸고 계속해서 시내로 향했다.

파도의 속도가 너무 빨라 도망을 갈 수가 없다.

엄청난 사람들이 파도에 휩쓸려 죽어간다.

시내에 사는 사람들은 안전한 곳으로 급히 피해야 했다.

물건을 챙길 틈이 없다.

몸만이라도 빠져나올 수 있다면 다행이다.

밀려드는 바닷물이 바닷가에서 상당히 떨어진 2, 3층 집도 삼킬 정도다.

물바다가 된 시내에 시신이 둥둥 떠다닌다.

체육대회에 참석한 공무원들이 이미 많이 죽어 치안과 피해복구 지원이

엉망이다.

어디서부터 손을 써야 할지 모를 지경이다.

중앙정부에서 군인을 파견했다.

해일 소식이 전 세계 긴급 뉴스로 알려지기 시작했다.

구호를 위해 군인들이 도착했을 때는 이미 많은 사람들이

생명을 잃은 후였다.

가족을 잃고,

집을 잃고,

함께 살던 마을 사람들과 일터가 사라지고,

죽은 시신이 둥둥 떠다니는 곳…

해일로, 온 땅에 물은 많지만 정작 마실 물과 음식이 없다.

외부 사람들의 도움을 받기는 하지만 턱없이 부족하다.

자연의 위력은 그저 무섭기만 하다.

우리 가족들이 어디엔가 살아 있을까?

앞으로 무엇을 하면서 어떻게 살아가야 할까?

그   이   후

쓰나미가 지나간 후 반다아체 사람들은 자신들이 정말 아무것도 아니라는 생각을 갖게 되었을 것이다. 그들은 거대한 자연의 움직임 앞에 아무것도 할 수 없는 무기력한 존재임을 보았을 것이다. 자연의 위력 앞에서 그들이 믿는 알라도 속수무책이다. 누가 과연 자연을 다스릴까? 이런 질문을 마음속으로 했을 것이다. 한편 그들은 세계 각처에서 구호 작업을 위해 온 외국인들을 많이 만나게 되었다. 이전과 비교하면 외국인들의 출입이 자유로워진 것이다.

반다아체에서 지진해일 피해가 컸던 사건 현장을 직접 돌아보았다. 쓰나미 이전에 해변의 도로나 집이 있었던 장소들이 바다로 변해 있었다. 바다 위에 약간의 육지 흔적이 나와 있어 쓰나미 피해로 지형이 어떻게 바뀌었는지를 짐작해 볼 수 있었다.

생명을 잃은 수많은 사람들의 시신이 집단 매장으로 처리됐다. 일정한 장소에 죽은 자가 누구인지 확인할 틈도 없이 매장을 하고, 작은 공원으로 만들어 뒷마무리를 했다. 집단 매장지의 한쪽에는 그곳이 쓰나미 피해자들의 매장지라고 알리는 돌판이 있을 뿐이다.

한편, 세계 각국에서 파견된 NGO들을 중심으로 피해자들을 위한 집짓기와 우물파기가 한창 진행되고 있었다. 집은 한국 돈으로 약 400만 원 정도를 들여 6m x 6m의 크기로 패턴화된 모양의 집을 짓고 있었다. 집을 짓고 있기는 하지만 아직도 완전 복구가 되려면 시간이 많이 걸려야 할 것 같았다. 성냥갑 같이 지어지는 집에 현지인들은 불만이 많았다. 쓰나미 이전과 비교할 때 집 크기가 너무 작다는 것이다.

쓰나미 복구 현장을 다니면서 답답한 생각도 들었다. 피해 복구의 주체가 인도네시아 현지인들이 아니고, 거의 다른 여러 나라에서 온 NGO들이었다. 복구 프로젝트의 리더들도 외국인들이 주를 이루었다. 인도네시아 사람들은 복구 사업에 보조역할을 할 뿐이었다. 또 현지인들은 구호금으로 집을 짓는데 일부를 NGO들이 가져간다고 주장했다.

새롭게 집을 짓는 장소는 해안가에서 가까운 평지였다. 이번 기회에 해안가에서 멀리 떨어진 지역에 확실한 도시계획을 세워 복구 작업을 했으면 더 좋았을 것이라는 생각이 들었다

주택 문제와 함께 식수를 제공하는 것도 큰 과제였다. 짠 바닷물이 땅에 스며들어 있는데다, 그곳은 종종 지진이 일어나는 곳이기에 우물을 파도 계속 좋은 물을 마신다는 보장이 없었다. 그런 상황에서 우물 파는 일을 돕는 NGO들은 거의 200m 깊이까지 우물을 파들어 가고 있었다.

오물처리 문제로 인해 위생상 문제도 많다. 목욕을 하고 난 후 피부병이 생기고, 설사를 하고, 배가 아픈 경우도 허다하다. 기본적인 의료시설이 부족하고, 위생 상태를 개선하기 위한 환경개선이 절실한 실정이다.

쓰나미는 반다아체 사람들에게 많은 변화를 몰고 왔다. 특히 인구 면에서 큰 변화를 가져왔다. 현재 남녀 비율이 3대10 정도 된다고 한다.

이런 불균형적인 남녀비율을 해소하기 위해 당국에서는 일부다처제를 권장하고 있다. 이것은 쓰나미 이후 개방사회로 가는 상황에서 여성을 더욱 이슬람교적 제도로 묶어 놓음과 동시에 인구 증가를 추구하려는 방법으로 보였다.

반다아체 중심가에 있는 모스크 입구에는 높은 탑이 있다. 그 탑에는 쓰나미 당시 탑의 2층까지 물이 찼음을 보여주는 흔적이 있다. 아직까지 그대로 남은 흔적을 보면서 당시 쓰나미 피해가 어느 정도였는지 상상해 볼 수 있었다. 모스크에서 만난 반다아체 사람은 쓰나미 피해 중에서도 그들의 예배처소인 모스크가 무너지지 않았다는 사실을 자랑스럽게 이야기했다.

쓰나미로 집을 잃은 사람들을 위해 지어준 집들 (사진제공: 이금주)

정 부 군   대 ^(代)   반 군

풍부한 자원이용에 대한 권리주장과 정치적인 독립을 위해 아체 반군들은 거의 30년간 정부군과 투쟁을 해왔다. 반군들은 전투요원 확보를 위해 보통 시민으로 살아가는 젊은이들을 잡아 산 속으로 데려가 반군으로 만든다. 정부군은 젊은이들이 반군이 될까 봐 감옥에 가두는 일을 하기도 한다. 결국 아체지역은 젊은이들이 살기에 매우 어려운 지역이 되었다.

쓰나미 피해는 양군 간에 투쟁을 중단시키는 촉매 역할을 했다. 쓰나미가 일어난 다음해인 2005년 8월 15일 헬싱키에서 양군은 평화협정을 맺었다. 협정 내용에는 주민들의 자치 권익을 높이고, 반군에 대해서 포용정책을 쓰고, 자원분배 시 지역주민에게 더 많은 혜택이 돌아가게 하며, 외국인들에게는 개방적인 입장을 취한다는 내용이 포함됐다.

이전에 양군 간에 맺었던 협정이 깨어진 경험이 있기에 이번 협정 준수에 대해서는 주민들의 기대와 우려가 섞여 있었다. 평화협정을 맺으면서 이전과는 달리 아체 주가 외국인들에게 문호를 많이 개방했다. 외국인들이 자유롭게 사업을 하거나 NGO 활동을 할 수 있도록 했다. 외국인들이 아체 주민들에게 종교적인 영향을 끼칠까 봐 두려워하면서도 아체 주는 국제적인 NGO들의 활동이 도움이 된다는 것에 동의했다. 결국 외국인에 대한 개방 정책은 복음을 전할 수 있는 많은 접촉 기회를 만들어 준다.

비 정 부 기 구^(NGO)는   기 독 교 ?

무슬림들은 역사적으로 기독교에 대해서 피해의식이 있다. 아체 사람들도 다르지 않다. 그들은 외국에서 온 NGO들을 기독교 기관에서 파송한 것으로 생각한다. 현지에서 NGO에서 일하는 사람이 잘못하면 그 잘못을 기독교인들 전체가 잘못한 것으로 매도하기도 한다.

NGO에서 일하는 사람들이 많지만 그들 모두가 기독교인들은 아니다. 현지에서 사역하는 분들에 의하면 쓰나미 피해가 극심했던 초기에는 기독교 계통의 NGO들이 많이 있었지만 현재는 거의 떠났다고 말한다. 그 이유로 반다아체는 외국인들이 머물기에 생활비용이 너무 높다는 이유를 설명했다. 집값, 자동차 렌트비, 가스비, NGO에게 도와달라는 사람들의 요청, 사역 부대비용이 매우 높다는 것이다.

높은 생활비와 사역 비용을 부담할 기독교 NGO들은 그리 많지 않다고 한다. 혹시 그곳에 기독교계통의 기관이 있다고 해도 소수가 있을 뿐이다. 아마 국가 혹은 국제기구 차원에서 파견된 NGO—유엔, 유니세프, 적십자 등—가 주를 이룰 것이다.

이런 현지 사정이 있음에도 불구하고 아체 사람들은 NGO들이 기독교 기관이라고 오해한다. 반다아체를 방문하면서 기도제목이 생겼다. 그것은 크리스천 마인드를 가진 분들이 비정부기구에서 더 많이 일할 수 있었으면 하는 것이다.

가 까 이 서 본 아 체 사 람 들

반다아체 지역에서는 결혼과 결혼생활이 특이했다. 결혼을 할 때 신랑은 지참금을 신부집에 제공하고 신부집은 부부가 살 집을 제공한다. 그곳에서는 남자가 여자 집으로 들어가는 것을 결혼으로 여긴다. 결혼생활에서 남편의 뜻에 의해 이혼이 가능하고, 이혼한 이후에 무슬림 여성들은 날씬한 몸매를 가지려고 노력한다. 그들도 멋을 내기 위한 액세서리를 좋아하며 외모에 대해 관심이 많다. 서구 사회에 대한 부정적인 생각이 많지만 사실은 미국 영화를 매우 좋아한다.

놀이문화가 거의 발달되지 않은 이슬람권에서 '십대들은 어떻게 지낼까?'가 궁금했다. 바다에서 수영하며 데이트하는 십대들을 보았다. 그들은 수영복을 따로 입지 않았다. 여성들은 얼굴을 가리는 히잡(Hijab)을 그대로 쓰고 바다에 들어갔다. 해변에는 특별히 옷을 갈아입을 장소가 보이지 않았다. 옷을 입은 채로 바다에 들어가서 장난을 치고 놀다가 그대로 옷을 말렸다.

우연히 학교에서 여학생들이 축구하는 것을 보았다. 얼굴에 히잡을 쓴 채 축구를 하고 있었다. 축구를 즐길 수는 있겠지만 히잡을 쓰고 뛰는 것이 부자연스럽게 보였다.

외국인과 일하는 무슬림 부부를 만나 가까이서 그들의 삶을 보았다. 그들은 일상생활에서 종교의식을 지키려고 애를 쓰고 있었다. 하루에 두 번 정결의식을 위해 샤워를 하고, 다섯 번씩 정해진 시간에 기도하는 일을 실천했다. 또 긴 바지나 치마를 입어 살이 드러나지 않도록 했다.

이슬람 종교법에 의하면 결혼 전에 남녀가 손잡고, 팔짱 끼고 데이트하는 것은 금지되어 있다고 한다. 해변에서 젊은 남녀가 오토바이에 앉아서 뒤에 있는 여자가 앞에 앉은 남자를 꼭 껴안고 있었다. 이런 장면은 도시의 경우 간혹 목격되기도 한다.

아체 사람들의 사고방식 중에 어떤 행동을 하더라도 들키지 않으면 된다는 식이 있다. 젊은 남녀가 같은 방 안에 있으면 안 된다. 이런 행동을 하다가 붙들리면 태장을 맞게 된다. 그러나 이런 일들이 종종 있다고 한다. 때로는 부모가 창피하게 생각해 벌금을 내고 그들을 결혼시키기도 한다. 보이지 않는 곳에서 종교 규율은 그냥 규율일 뿐이었다.

종교법이 강력하게 시행되는 아체지역에서는 술을 마실 수가 없다. 대안으로 아체 사람들은 종교법 망을 피할 수 있는 큰 도시인 메단에 가서 술을 마시기도 한다. 그리고 예전보다 성적 타락의 정도가 심해지고 있단다. 성매매가 이루어지고, 인터넷을 통해 성 관련 사이트를 보는 사람들이 늘어가고 있다.

아체 사람들에게서 개인주의적 행동도 볼 수 있었다. 빨래를 밖에 널었는데, 비가 오니 자기 것만 가져가고 다른 사람 것은 그대로 두는 것이다. 이것은 일부에 해당하는 행동이겠지만, 이곳의 개인주의 성향을 말해 준다.

시내에 있는 마켓에 갔다. 많은 상품들이 모조품같았다. 여러 상점을 돌면서 쓰나미에 관련된 모자, 티셔츠 혹은 기념품을 사려고 했지만 찾을 수가 없었다. 쓰나미 현장을 편집 없이 그대로 담은 DVD 하나를 샀다. 이들만의 독특한 상품이 필요한데 눈에 띄지 않았다. 현재는 시골장처럼 소규모 가게들을 운영하고 있을 뿐이었다.

아 체 사 람 들 을   이 해 하 려 면

오랫동안 아체족을 위해 사역해 온 사역자들의 경험담을 들었다. 적어도 아체족을 이해하려면 5가지의 단계를 넘어야 한다고 한다. 그 구체적인 내용은 다음과 같다.

첫 번째는 방문자 단계이다. 아체인들은 방문자에 대해서는 따뜻하게 해준다.

두 번째로 친구 단계이다. 아체인들은 처음 사람을 만나면 이 사람이 친구가 될 것인지 아닌지 탐색을 하며 질문을 한다.

'나와 친구가 될 것인가?'

'나에게 도움이 되겠는가?'

'무엇을 하러 이곳에 왔는가?'

세 번째로 종교인 단계이다. 이것은 '내가 아체인들과 다른 종교를 가지고 있는데도 함께할 수 있겠는가?' 라는 생각을 뛰어 넘는 것이다.

네 번째로 종교적인 대화단계이다. 아체인들은 종교적인

이야기를 나누면 안면이 확 바뀐다.

다섯 번째로 복음을 전하는 단계이다. 그들은 대화에서 예수 그리스도라는 이름이 나오면 거의 대부분 듣지 않고 나가 버린다.

아체인들과 대화를 나누려면 이런 단계를 이해하면서 그들을 대해야 한다. 비록 사역자 입장에서 이해하기 어려운 행동을 한다 할지라도 그들을 이해하려는 노력이 필요하다.

아체인들은 민족적인 자존심이 강하다. 그들은 자신을 인도네시아 사람이라기보다는 아체인으로 소개한다. 이런 민족정체성 때문에 손해를 보는 일도 많지만, 그래도 자긍심을 가지고 자기를 분명하게 표현하는 민족이다.

사 랑 으 로 　 접 촉 할 　 때

쓰나미가 일어나기 전에 반다아체는 정치분쟁으로 위험하고, 엄격한 종교법이 시행되는 곳으로 알려져 있었다. 이런 사회 분위기 때문에 외국인들이 아체지역에 접근하는 것 자체가 어려웠다. 그런데 쓰나미가 이런 닫힌 사회를 열린 사회로 바꾸는 역할을 해 주었다. 수많은 이재민들이 생기면서 당장 숙식의 어려움을 겪었던 아체인들은 국제사회의 도움에 반응하지 않을 수 없었다.

쓰나미 당시에 반다아체에 도는 이야기가 있었다.

'받을 것은 다 받되 성경만 받지 마라'

한마디 말 속에 그들의 속내를 짐작할 수 있다. 지금은 그들이 어려워서 구호품을 받기는 하지만, 언젠가 때가 되면 외국인들을 추방시킬 가능성도 있는 것이다. 그럼 어떻게 하면 쓰나미 이후처럼 계속 외국인, 특히 사역자들이 그곳에서 머물 수 있을까? 먼저 현지인들에 대한 정확한 진단을 하고 그에 따른 접근 전략이 필요하다.

대체로 아체인들은 닫힌 사회에서 살았기 때문에 외부로부터의 사랑을 받을 기회가 적었다. 그러므로 마음에서 우러나오는 사랑을 보여주면 의외로 쉽게 마음 문을 열 수 있다. 그래서 먼저 현지인들과 끈끈한 관계를 세워야 한다. 관계가 세워지면 마음 문이 열리고 마음 문이 열리면 그때 복음을 전할 수 있게 된다.

관계를 맺기 위한 사랑표현은 다양하다. 내가 반다아체에 머무는 동안 현지 사역자들이 현지인들에게 나누는 사랑표현을 여러 가지로 보았다.

식수 해결을 위해 우물 파주기

어려운 가정의 자녀를 부모 동의하에 양자녀로 삼아 돌봐주기

결혼식을 하는 이웃집 잔치에 참여하기

현지인과 함께 친구로 지내기

사람들과 식사하기 등등.

사 랑 표 현

반다아체에서 사역하는 한 분의 이야기이다. 이 사역자는 어려움에 처한 아이에게 도움을 준 후, 그 가정과도 좋은 관계를 맺고 있었다. 이슬람권에서 사역하기 위해 개인적인 관계를 세운 한 실례다.

한 아이가 말라리아에 걸렸다.

시간이 지나면서 아이는 매우 힘들어 한다.

'아이를 병원에 데려가야 하지 않을까요?' 현지 사역자가 부모에게 물었다.

부모는 그냥 놔두라고 말한다.

현지 사역자가 보기에 아이가 죽을 것만 같다.

'아이를 그대로 두면 죽을 가능성도 있습니다.'

'괜찮아요. 죽는 것도 알라의 뜻이니까요.'

사역자는 왜 부모가 병든 아이를 방치하는가를 알아보았다.

그것은 감당하기 어려운 병원비 때문이었다.

병원비가 한화로 10만 원 정도 예상되었다.

현지 사역자가 부모 허락 하에 아이를 병원에 데리고 갔다.

한 주간 입원으로 치료가 되었다.

집에 돌아온 아이는 자기를 도와준 사역자에게 감사를 드린다.

그러나 의문들이 생긴다.

'이 사람은 무엇을 하는 사람일까?

왜 이곳에 와서 사는 것일까?

일도 하지 않고 노는 것 같은데,

비싼 치료비를 대줄 정도로 부자인가 봐…'

사역자는 아이에게 말했다.

'나도 조건 없는 사랑을 받았어.

누가 나에게 사랑을 주었는지 구체적으로 말할 수는 없지만

내가 사랑을 거저 받았으니 나도 거저 나누는 것이야.

언젠가 너도 내게 사랑을 준 분이 누구인지 알게 되기를 바래.'

'감사합니다.'

아이의 눈망울에 눈물이 고여 있다.

사경을 헤매다 건강을 회복한 아이는 자기를 도와준 분에게 그
저 감사할 뿐이다. 어떻게 은혜에 보답할 길이 없는데, 그분이 이전에 받
았다는 그 사랑이 궁금했다. 아이는 사역자에게 사랑을 베푼 그분에 대해
서 알고 싶어 했다.

내가 그 사역자를 만났을 때에도 그는 아직 아이에게 그분에 대
해 구체적인 것을 나눌 수 없다고 했다. 시간이 지나면서 아이와 좀더 단
단한 관계가 될 때 예수님을 소개할 예정이란다. 그 아이를 위해서 사용된
치료비도 결국 예수님의 사랑을 경험한 분들이 보내준 사랑표현이다.

현 지 인 사 역 자 를 발 굴 하 라

쓰나미 이전에는 반다아체에서 사역을 진행하기에 현실적인 제약이 많았다. 특히 외국인들은 거주 자체가 어려웠다. 그 당시 사역을 한다고 해도 아체지역에 대한 사역의 열정을 가진 분들이 가끔 정탐여행 혹은 땅밟기 기도사역을 하는 정도였다.

쓰나미 이후에 아체지역에도 많은 변화가 생겼다. 지역주민들의 의식이 많이 바뀌었다. 그들은 쓰나미를 통해 '어떤 것도 한 번에 다 날아갈 수 있다' 라는 생각을 하게 되었다. 쓰나미를 경험하면서 자연 앞에 그들이 겸손해진 것이다. 특히 피해 복구를 위해 아무런 조건 없이 세계 각국에서 찾아온 사람들 중 기독교인들이 보여준 그리스도의 사랑은 그들에게 큰 의미를 안겨 주었다. 이슬람 종교지도자들은 이들을 완강히 거부해도 보통 시민들 사이에서 이들은 받아들여지고 있었다. 이를 계기로 복음사역에 대한 환경이 예전과는 비교할 수 없을 정도로 개선되어 있었다.

아체지역에 현재 상주하면서 사역을 시작하려는 한 가정을 만났다. 이 지역을 마음에 품고 주의 사역을 위한 열정을 가지고 오신 분이었다. 아직까지 뚜렷이 어떤 사역을 하는 것은 아니지만 여러 경로를 통해 개인적인 관계를 세워가는 계획을 갖고 있었다. 비 상주 사역자들도 있었다. 그들은 메단과 같은 도시 지역에 머물면서 잠깐 동안 방문을 하여 사역을 한다.

도시에 가보면, 그 수는 적지만 기독교 신자들을 만날 수 있다. 그들을 만나면서 든 생각은 적은 무리이긴 하지만 인도네시아의 선교를 위한 귀한 일꾼으로 여겨졌다. 사역자들은 현지인들에게 지도자 훈련을 시켜서 그들이 실제 무슬림들에게 전도하는 국내사역을 담당하게 한다면 효과가 있을 것이다.

사역자는 현지 교회들이 선교에 눈을 뜨고 사역자 발굴을 위해 노력하도록 일깨워야 할 것이다. 현지인들이 직접 사역을 하게 되면 접근도 용이할 뿐 아니라 재정 면에서, 언어 면에서 탁월한 적용성을 발휘할 수 있다.

메단에 있는 신학교를 방문했다. 해외에서 파송된 사역자는 학교 운영을 위해 돕고 있지만 실제 가르침은 현지인 교수들이 하고 있었다. 신학교가 현지화 되고 있는 것이다. 그러나 경제적으로 자립은 아직 어렵다고 한다. 현지인들이 할 수 있는 것들은 그들 스스로 하게 하고, 어려운 부분은 조금씩 도와주면서 계속 지도자를 양성한다면 긍정적인 미래를 예측할 수 있을 것 같았다.

문 화 를   이 해 해 야

서울에서 한 목사님이 인도네시아 현지인 교회를 방문해 설교를 했다. 더운 지역에서 선풍기도 없이 설교하느라 무척 애를 먹었다고 한다. 사역을 마치고 귀국한 그 목사님은 자신이 목회하는 교회에서 어렵게 예배를 드리고 있는 인도네시아 교회를 도와야 한다고 설교시간에 말했다고 한다. 설교 후 성가대에서 선풍기 값을 헌금하겠다고 했다.

현지에서 사역하는 사역자는 이 소식을 듣고 후원을 받아 교회에 선풍기를 달았다. 그런데 정작 선풍기를 달았는데도 교인들이 별로 기뻐하지 않았다. 인도네시아 사람들은 이미 더위에 익숙해 있고, 선풍기 바람도 그다지 좋아하지 않기 때문이다. 오히려 선풍기 주변에는 교인들이 잘 앉지도 않았다고 한다.

덥다고 느낀 것은 현지인이 아니라 목사님 자신이었던 것이다. 해외 사역지에서는 눈높이 사역, 즉 현지 문화이해가 무엇보다 중요하다. 현지인들의 눈높이로 보아야 그들을 이해할 수 있다. 인도네시아에서 에어컨이 있는 교회는 여유가 있는 교회로 소수에 불과하다. 그런 교회에 가난한 현지인들이 위화감을 느낀다면 기꺼이 더위를 감수하고 자연바람으로 예배를 드리는 것이 사역을 위한 노력이지 않을까?

9장 영적전쟁

여행 38일 차 늦은 밤 인도네시아 메단에서 다시 쿠알라룸푸르
(Kuala Lumpur)로 돌아왔다. 공항에서 시내 중앙역까지 고속전철을 이
용하려고 했지만 자정을 훨씬 넘겨 그럴 수가 없었다. 비행기 연착과 입국
수속을 하는 데 시간이 예상보다 많이 걸렸다. 대중교통을 타기에 적절한
상황이 되지 않아 택시를 이용해 숙소로 갔다.

쿠알라룸푸르에서는 가볍게 휴식을 취하고 주일에는 중국인
교회에서 예배를 드렸다. 예배 후에 국제열차를 타고 싱가포르로 갔다. 이
번 여행 마지막 밤을 싱가포르 공항에서 보냈다. 출국 수속하는 시간이 불
과 4-5시간 밖에 남지 않아 따로 숙소를 잡지 않았다. 벌써 집 떠난 지가
40일이 되었다. 이른 아침에 싱가포르를 떠나는 미국행 비행기에 몸을 실
었다. 그간의 모든 여행을 안전하게 마쳤다.

이 슬 람 의   선 교 전 략

귀국을 앞두고 쿠알라룸푸르에서 이틀을 보냈다. 이 도시에서는 서로 맞은편에 위치하고 있는 국립 이슬람사원(National Mosque)과 이슬람종교국(The Islamic Religious Department of the Federal Territories Kuala Lumpur)을 방문했다.

국립 이슬람사원을 방문해보니 이슬람의 특징이 한눈에 보였다. 이슬람은 예배 장소를 신성시해서 알라를 따르는 무슬림만 모스크에 들어가도록 허락한다. 그리고 그들은 아랍어에 대한 존경심이 대단하다. 하지만 아랍어를 아는 무슬림들은 많지 않다고 한다. 이슬람에서 소위 성직자로 알려진 이맘(Imam)[9]들이 주로 아랍어를 사용하고, 보통 사람들은 이맘을 따라하는 정도로 아랍어를 사용한다.

이슬람도 그들 나름대로 선교를 위해 많은 노력을 기울이고 있었다. 그들은 외국인들이 모스크에 많이 방문하는 것을 착안해 그들의 바이블인 코란(Koran)을 영어로 번역하고, 이슬람을 소개하는 전도책자를 만들어 무료로 배부하고 있었다. 예전에는 코란은 반드시 아랍어로만 되어야 한다고 고집했다. 그러나 이제는 모스크 내에서만 아랍어 코란을 사용하게 하고 전도를 위해서는 영어로 번역해 배부한다.

모스크에서 일하는 분에게 영어 번역본을 만든 이유를 질문했다. 그것은 단지 외국인들에게 전도하고 보급하는 의미로 만든 것이라 했다. 이슬람 확장을 위해서 그들도 변하고 있었다. 이들은 또한 태국 북부

9 이슬람교 교단 조직의 지도자를 가리키는 하나의 직명

의 가난한 지역에 이슬람 사역자들을 보내어 경제적으로 도우면서 선교를 하기도 한다고 했다. 최근에는 한국에도 무슬림으로 개종하는 사람들이 조금씩 늘어나고 모스크의 숫자도 점점 늘고 있는 것이 현실이다.

국립 이슬람사원 맞은편에 위치한 이슬람종교국을 보니 말레이시아의 종교정책의 한 단면을 보는 듯 했다. 새로운 변화에 적응하려는 세대와 이슬람 종교전통을 유지하려는 정부의 노력이 서로 충돌하고 있는 것이다. 이슬람종교국은 종교경찰의 역할을 감당하고 있다. 이슬람을 유지하려는 노력을 종교국이 하고 있지만 어느 정도 유지가 가능할까? 지금은 가능하다 해도 계속 유지하기에는 세상의 변화 속도와 세속화 과정이 너무 빠르다. 이슬람도 그들만의 영적전쟁을 하고 있는 것이다.

말레이시아가 자랑하는 국립 이슬람사원. 이 사원 맞은편에 종교국이 있다.

무 슬 림   대 상   사 역 자 들

이슬람권에서 무슬림만을 대상으로 사역하는 사역자들은 장기적인 안목을 가지고 고군분투해야만 한다. 말레이시아에서는 전도를 위해서 말레이족에게 접근하는 것 자체가 불법이다. 그래서 스스로를 보호하기 위해 철저한 보안의식을 가지고 현지에서 사역과 삶을 해결해 나가야 한다. 특히 통신수단으로 사용되는 이메일과 전화로부터 자신을 보호해야 한다.

이 같은 사회적인 제약에 부딪히면서 그들은 무슬림을 상대로 사역해야 한다. 더 어려운 점은 그들의 사역 현실과 파송교회들의 기대에 차이가 크다는 것이다. 파송교회는 프로젝트를 통해 가시적인 결과를 기대하는 반면 사역지 현실은 그렇지 못하기 때문이다. 실제 결과가 있는 사역보고가 거의 힘들다. 사역자 자신들도 열매가 없이 계속 지원을 받다보니 힘들어, 가끔은 가시적인 결과를 낼 수 있는 사역으로 전환하고 싶은 유혹을 받기도 한다.

파송교회가 결과 중심으로 사역자들을 지원하다 보면 이슬람을 상대로 하는 사역자들은 점점 그 입지가 줄어든다. 이것은 장기적인 안목에서, 순수하게 무슬림들을 상대로 사역하는 선교사의 숫자가 줄어들 수 있다는 것을 의미한다. 멀리 그리고 크게 본다면 무슬림 대상 사역자들에 대해 격려와 지원이 더욱 절실하다. 왜냐하면 전 세계 13억의 이슬람 인구에 비해 그들을 위해 파송된 사역자들의 숫자는 너무 적기 때문이다.

절대다수가 무슬림인 이슬람 지역을 방문해 보면 사역자들이 그곳에 살고 있는 것만으로도 존경을 표하고 싶다. 종교로 얽어매는 사회적인 제약만으로도 사역자들이 극복해야 될 것들이 너무 많기 때문이다.

한 인 교 회

이번 정탐여행을 하면서 여러 도시에 한인교회들이 있음을 알게 되었다. 각 지역에 세워진 한인교회들은 나름대로의 역할을 감당하고 있었다. 현지에서 만난 선교사와 한인교회에 출석하는 분들과 이야기를 나누면서 한인교회들의 역할이 크다는 것을 깨달았다.

한인교회 평신도들의 삶은 바로 현지인들과의 사역의 접촉점이 될 수 있다. 사업을 하는 성도가 현지인을 고용함으로써 그 고용 기회를 통해 복음을 전할 수 있다. 제3세계의 경우에는 일반 가정에서도 현지인들을 가정부, 운전기사, 정원사 등으로 고용한다. 교회는 교인들에게 그들을 단순히 고용된 사람으로 보지 않고 복음을 나누어야 할 대상자로 대하도록 훈련시킨다. 이는 고용주와 고용인의 입장을 넘어 복음에의 관계로 만나는 것이다. 이렇게 현지인을 고용할 때 그 목적이 분명하면 그에 따라 태도와 삶도 달라질 것이다.

대개 한국인들은 현지인들에게 나누기를 좋아하고 사역지원에도 매우 호의적이다. 이러한 면에서 한인교회가 재정적으로 현지 사역자들을 돕는다면 서로 협력하는 관계로 잘 발전할 수 있다. 예를 들어 수도에 있는 한인교회가 선교관을 운영해 지방에서 비자 연장을 위해 오는 사역자 가족을 숙식과 차량으로 지원을 해 주면 큰 도움이 된다. 현지 사역자들의 모임을 지원해 주고, 단기봉사 팀이 올 때 숙소와 통역을 제공해 주는 것도 협력의 한 방법이 될 수 있다.

한인교회는 여러 가지 목적으로 이주해 오는 한국인들에게 도움을 주어, 장기적으로 전도의 계기를 마련한다. 이국 땅에 낯선 그분들을 위해 교회가 나서서 언어 지원도 해 주고 그들의 정착을 돕는다.

또한 한인교회가 현지의 사역 정보를 웹사이트를 통해 한국교회와 한인 사역자에게 제공해 주면 정확한 정보를 빨리 접하는 효과를 얻을 수 있다.

한인교회가 일방적으로 주는 것만은 아니다. 한인교회들은 복음 사역의 경험과 전문가적인 식견을 가진 현지 사역자들과 사역 정보를 나눔으로써 상호보완적인 관계를 유지할 수 있다. 현지 사역자들이 한인교회 성도들을 대상으로 사역훈련을 시킬 수도 있다. 반대로 한인교회는 현지 사역자들의 사역을 위해 장소 제공, 통역 그리고 행사에 참여자가 될 수 있다. 그리고 단기봉사 팀의 사역에 여러 명의 통역자가 필요할 경우 한인교회로부터 통역 자원자를 지원받아 사역을 진행하면 영적 유익을 함께 누릴 수도 있다.

다른 면으로 한인교회는 은퇴한 목회자들에게 목회 기회를 제공할 수 있다. 한인교회 목회자들이 대부분 장기간 사역지를 비우기가 어렵다. 그러한 면에서 교회가 목회자의 안식년 동안 은퇴한 목사님을 초청해 목회 기회를 주는 것이다. 은퇴 목사님은 다른 나라에서 목회 기회를 얻어서 좋고 현지 교회 목회자는 안식년을 통해 재충전의 시간을 가질 수 있어서 좋다. 안식년 기간을 통해 두 목회자가 좋은 관계로 발전되면 서로 좋은 멘토를 얻는 축복을 누릴 수도 있다.

　　해외 한인교회는 현지인, 현지 사역자 그리고 현지로 이주해 오는 한국인들을 위해 중요한 선교적 교량 역할을 한다. 잘 준비된 한인교회의 모범사례를 통해 한국 혹은 세계에 흩어져 있는 한인교회들에게 선교 동원에의 도전과 영향력을 끼칠 수 있길 바란다.

영 적 전 쟁

　　현지 사역자들은 날마다 영적전쟁을 겪는다고 해도 과언이 아니다. 그들이 싸우는 영적전쟁이란 사역을 방해하는 것과의 싸움이다. 그들은 어떤 영적전쟁을 하고 있을까? 단순하게 표현하기는 어렵다. 그러나 영적전쟁에서 지게 되면 사역을 계속 할 수 없게 된다. 그러기에 그들은 반드시 영적전쟁에서 이겨야 한다.

　　사역자들이 파송될 때 그들은 소명감을 가지고 사역지로 떠난다. 현지인들을 사랑하고 그들에게 복음을 전해 복음의 영역이 확장되길 간절히 기대한다. 그들이 처음 파송 받을 때의 열정과 소명감을 유지하려면 하나님과 깊은 영적 교제가 지속되는 삶을 살아야 한다. 그리고 계속적으로 자신의 영적 상태를 점검해야 한다.

두드러진 영적전쟁이 있기도 하지만 가끔은 조용하게 공격해오는 영적전쟁도 있다. 그들이 문화적인 그리고 재정적인 우월감으로 현지인들에게 접근할 때 교만함이 사역을 무너뜨릴 수 있다. 또 사역 결과가 없을 때도 그들은 갈등하게 된다.

'나는 왜 여기에 와 있는가?'

'나는 사역비만 축내는 사람이 아닌가?'

'아무런 결과도 없이 이렇게 살아도 되는가?'

'내가 이 정도 사랑해줬으니 현지인 OOO는 나를 따를 거야.'

희미해지는 소명감으로 사역을 중단하고 싶을 때도 있을 것이다. 다른 사역자들의 활동을 보면서 비교의식 때문에 열등감을 느낄 때도 있을 것이다.

'내가 거기로 사역지를 정했으면 주일예배는 마음대로 드릴 수 있었을 텐데'

'OOO 선교사 자녀들은 잘 풀리는데…'

'OOO는 후원도 넉넉하고 단기봉사 팀도 많이 오고

집회 초청도 자주 받는데…'

이 같이 스스로 다른 사역자들과 비교하면서 힘들어 하기도 한다. 특히 가정에서 일어나는 영적전쟁도 무시 못한다. 자녀 교육 문제, 부부관계, 재정, 영적 삶 등에서도 영적전쟁을 하게 된다. 또 사역 시간활용과 관련된 영적전쟁도 많다.

'우리 교회 OOO 집사님께서 사업차 그곳을 가니 통역을 부탁합니다.'

'제가 아는 분이 관광을 가니 관광 안내를 부탁드립니다.'

'단기봉사 팀을 파송하겠습니다. 사역 협력을 부탁드립니다.'

현지 사역자들은 인간관계를 내세우면서 접촉해 오는 지인들의 부탁을 거절하기 어렵다. 또 단기봉사 사역을 위해 한 해에 여러 팀이 오겠다는 것도 적지 않은 부담이다. 사역자들은 관광 안내나 단기봉사 팀 사역이 없는 상태에서도 거의 풀타임 사역을 하는 사람들이다. 그런데 과외 사역이 자꾸 추가되면 주사역이 지장을 받거나 주객이 바뀔 수도 있다.

그들이 겪고 있는 영적전쟁에 대해서 파송교회와 성도들의 이해가 절대적으로 필요하다. 그들의 사역에 도움이 될 수 있도록 사역자들의 관점에서 생각하고 결정하는 배려가 있어야 한다. 동시에 사역자들은 처음 파송 받을 때에 가졌던 그 마음을 유지하기 위해 날마다 말씀묵상, 기도에 게을리 하지 않고 하나님의 음성에 민감하게 반응하도록 노력해야 한다.

여 행 뒷 이 야 기

정탐여행을 하면서 겪었던 뒷이야기들을 나누고 싶다. 여행이 주는 즐거움도 컸지만 특별한 경험을 해야 되는 상황도 많았다. 다양한 상황에서 겪었던 일들이 쉽지는 않았는데, 그래도 특별한 경험이었기에 기억에 남는다. 제한된 지면에 글로 다 표현하기는 어렵지만 그 중에 몇몇 이야기들을 정리해 본다.

담배연기를 참아야 하는

여행기간 중 PC방을 자주 이용했다. 여행을 마친 나라에 대해 꼼꼼히 기록으로 남기기 위해 PC방에서 보내는 시간이 적지 않았다. 가끔은 더운 나라들을 여행하다 보니 에어컨이 있는 PC방이 그리웠다. 그러나 에어컨이 주는 기쁨도 잠시 담배연기로 인한 어려움이 더 컸다. 그곳에 머무는 시간 내내 자욱한 담배연기 속에 있어야 한다. 간접 흡연이 더 나쁘다고 하지 않던가? 담배연기와 거의 상관없는 생활을 해 왔던 나로서는 정말 견디기 힘든 시간이었다.

흡연은 단순히 PC방에만 국한된 것은 아니었다. 시내 어디

를 다녀도 담배에 관한 한 피하기가 어려웠다. 여행 중 담배연기를 견디는
훈련은 제대로 한 것 같다.

휴식이 필요해요!

여러 사역자를 만나면서 상당수가 지나치게 사역에 매인 사람
(workaholic)처럼 느껴졌다. 사역은 열심히 하지만 자신을 위한 휴가나
안식년은 제대로 갖지 못하고 있었다. 큰 사역을 거의 혼자 하다 보니 사
역을 함께할 마땅한 후임자가 없다고 호소한다. 휴식 없이 사역을 하게 되
면 언젠가 무리로 인해 어려움을 겪게 될 가능성이 높다.

람보 같은 영웅보다 팀 사역을 통해 사역의 시너지 효과
(synergy effect)를 낼 수 있는 사역자가 더 지혜롭고 현명하다. 혼자만 해
야 된다는 생각은 접어야 한다. 혼자 사역하면 재충전의 기회도 갖기 어렵
다. 재충전 시간을 갖느냐 못 갖느냐 하는 것은 바로 사역자 자신의 결정
에 달려 있다. 언젠가 파송교회가 선교사에게 안식년을 못 갈 정도로 사역
을 확대하지는 말라고 요구하는 날이 오지 않을까?

'Subway'와 라면

방콕에 머물면서는 먹는 즐거움을 누렸다. 시내를 걸어가다가
한인식당과 미국식 샌드위치 가게인 서브웨이(Subway)를 발견했다. 숙
소에서 가게까지는 대략 20분 정도 걸어야 했다. 왕복 40분이 걸리는 길

이긴 했지만 먹고 싶은 음식점을 발견하니 아이처럼 마냥 기뻤다. 서브웨이는 값이 미국과 거의 비슷했다. 현지인들의 경제수준을 고려했을 때 서브웨이는 고급 음식이었다. 나는 외국에서 좋아하는 샌드위치 가게를 발견해 먹을 수 있는 것만으로도 행복했다.

한국 식당에 가보니 정말 한국식대로 메뉴가 다양했다. 다 먹고 싶은 마음에 메뉴판을 보고 또 보았다. 음식에 대한 상상만으로도 기쁨이 가득했다. 그러나 결국 내가 선택한 것은 라면이었다.

어휴! 더워

내가 사는 곳인 워싱턴의 3-4월은 아직 이른 봄과 같은 날씨이다. 그러나 같은 기간 동남아는 한 여름과 같은 더운 날씨이다. 특히 미얀마를 여행할 때는 일 년 중 제일 더운 때였다. 미얀마에서 한 번은 외출 시 모자를 쓰지 않고 나갔다가 땡볕이 내리쬐는 살인적인 더위에 가뜩이나 머리숱이 많지 않은 머리가 뜨거워서 혼이 났다. 잠깐이었지만 임시방편으로 손을 모자 삼아 햇빛을 막으면서 걸을 수밖에 없었다.

미얀마와 캄보디아에서는 택시에 거의 에어컨이 없었다. 더위를 자연스럽게 겪어야 했다. 그렇게 더위 속에 지내다 보니 더위가 귀찮기는 해도 나는 현지 더위에 익숙해져 가고 있었다. 낮에는 나도 모르게 현지인들처럼 낮잠이 쏟아졌다.

어느 나라가 조국이야?

A와 B 나라에서 사역하는 두 현지 사역자를 만났다. 대화 중에 두 분은 자신이 사역하는 나라에 대해 끝없이 자랑을 늘어 놓았다. 사역지를 자신의 제2의 조국처럼 생각하는 애정과 열정이 대단했다. 또 대화에서 다른 사역자가 자신이 사역하는 나라에 대해 부정적인 표현을 하면 매우 싫은 표정을 짓는 것이다.

두 사람은 다 같은 한국인이면서도 자신이 사역하고 있는 곳을 조국으로 착각하는 것 같았다. 그 모습이 너무나 좋아 보였다. 타문화 권에서 사역을 하려면 자신이 사역하는 나라에 대한 애정이 그 정도는 돼야 하지 않을까?

모기와 함께

동남아를 여행하면서 여러 번 모기와 전쟁을 치뤘다. 에어컨이 있는 경우는 다행이지만 어떤 경우에는 선풍기도 없이 모기와 싸우면서 잠을 자야 했다. 그렇게 모기와의 전쟁에서 잠을 설친 적이 한두 번이 아니다.

텔레비전을 보지 않으니 늦은 밤까지 깨어 있을 이유도 없었다. 일찍 자면 일찍 일어나는 법, 그러나 모기와 함께 하는 밤이면 한밤중에 다시 일어날 수밖에 없다. 한 번은 선풍기도 없는 곳에서 그대로 잠을 청했다. 찜통 더위 속에 모기 때문에 문을 닫고 자야 했다. 문을 닫은 상태로,

설상가상 그 안에 모기와 더위가 공존하는 것을 상상해 보라.

단층집에 두 가정이 지내는 집에서 밤 10시경 잠을 청했다. 모기 때문에 도저히 잠을 잘 수가 없어 12시경에 일어났다. 거실에 나가서 불을 켜면 다른 가족들이 방해를 받을 것 같아 어두운 방에서 일어나 기도하기 시작했다. 어두움 속에서 잠 못 이루는 밤에 할 수 있는 일은 기도밖에 없었다. 하나님은 곤혹스런 상황에서 나를 기도하도록 이끄셨다. 새벽 4시쯤 되니 피곤이 몰려 왔다. 너무 피곤해서 모기에게 물리는 것도 모른 채 나는 잠에 푹 빠졌다.

평신도 출신 신참 사역자

여행 중 만난 사역자들 중에서 눈길이 가는 몇 분들이 있었다. 그분들은 바로 평신도 출신으로 파송된 지 3년 이내인 이삼십 대 젊은 사역자들이었다. 그들은 타문화 권에서 사역자로 사는 데 어려움이 적지 않았다. 목회자 출신 사역자가 아니라는 이유로 선교비 모금에도 제약이 많았다. 일반적으로 평신도 출신 사역자들은 출신 교회를 중심으로 지원하는 경향이 많기 때문이다.

앞으로는 평신도 출신 사역자들이 점점 많아질 것이다. 그러나 평신도 출신 사역자들을 파송교회가 전적으로 책임지고 지원한다면 큰 문제가 되지 않겠지만 현실은 그렇지 않다. 계속적으로 새로운 사역자가 나오게 하려면 평신도 출신의 젊은 사역자들에게 더 많은 관심과 지원이 있어야 한다.

은퇴 돕기

현지 사역자들을 만나면서 은퇴가 중대한 이슈(Issue)임을 알았다. 열심히 사역은 하고 있지만 은퇴 준비는 너무나 미약했다. 파송단체가 사역자들의 후원금 중 일부를 은퇴 적립금으로 관리를 한다고 하지만 그 금액으로는 충분치 않아 보인다.

은퇴 준비는 장기간 해야 된다. 지금 당장 시작해야 한다. 은퇴 준비가 안 된 분들이 귀국하면 파송교회나 단체들도 곤란한 상황에 직면할 것이다. 어떤 의미에서 그들은 은퇴를 할 수 없는 상황에 직면할지도 모른다. 한국교회가 은퇴한 선교사에게까지 선교 후원금을 줄 만큼 여유가 있지 않기 때문이다.

지금부터 10년 정도 지나면 은퇴 연령에 이르는 사역자들이 많이 나오게 된다. 그때가 왔을 때, 그제서야 대책을 세울 것인가? 아니면 지금부터라도 대책을 세워 준비해 나갈 것인가? 상징적인 은퇴 준비가 아니라 실질적인 은퇴 준비 대책이 필요하다.

혼자 여행을 하면

혼자 여행을 하다 보니 편리함도 있지만 불편함도 많았다. 여행 중 모든 물건을 나 혼자서 관리해야 한다. 생면부지의 땅에서 아무에게나 짐을 맡길 수가 없다. 사진을 찍을 때도 혼자라 다른 사람의 도움이 필요하다. 숙소를 이용할 때도 한 명이나 두 명이나 비용은 크게 차이가 없다. 여행 중에 아프기라도 하면 어떻게 하나? 때때로 외롭기도 하다.

이번 나의 여행은 자녀들의 학교 수업 관계로 아내와 함께할 수 없었는데, 가능하면 2인 이상의 여행을 권하고 싶다. 함께 협력해 여행을 하면 여행 효과를 더욱 높일 수 있기 때문이다.

한 달 투자 가치

은퇴자들에게 장기 사역자로 나가라고 하면 그런 제안에 부담을 가질 가능성이 높다. 그러나 매년 한 달 정도 다른 나라에 어려운 사람들을 위해 봉사하러 가라고 한다면 이런 제안에는 응할 분들이 많을 것이다.

미얀마에서 고아원을 방문했을 때, 눈망울이 초롱초롱한 아이들을 보면서 은퇴자들이 일 년에 한 달 정도씩만 이곳에 와서 함께 지내줘도 좋을 것 같다는 생각을 했다. 아이들은 어른들의 사랑을 받아서 좋고 어른 자신은 아이들을 통해 인생의 의미를 느낄 수 있다. 한 달을 투자해 나머지 11개월을 더 힘 있게 살 수 있다면 선교지 방문은 더없이 가치 있는 일이다. 빵 하나를 줘도 감사해 하고, 안아주기만 해도 기뻐하는 아이들이 내 손길을 마냥 기다리고 있다면 계속 그곳에 눈길을 돌릴 수밖에 없지 않을까?

연락이 안 되니

방콕에서 미얀마를 가기 위해 비행기 표와 비자를 준비했다. 여행을 위한 준비가 완료된 것이다. 그런데 미얀마에서 만나기로 한 분과 이메일과 전화를 아무리 해도 연락이 닿지 않았다. 처음 가보는 곳에다 거의 정보가 없는 상태이고 또 군사정권이 통치하는 나라니 제때 연락이 안 되자 마음고생이 컸다.

결국 여행을 떠나기 직전에 어렵게 연락이 되었다. 막상 미얀마에 도착해 보니 전화나 이메일 사정이 내가 생각했던 것 보다 훨씬 열악했다. 바로 연락이 될 것이라고 기대한 것은 나의 눈높이였지 현지의 상황은 아니었다. 준비과정은 복잡했지만 여행의 큰 기쁨을 그곳에서 얻을 수 있었다. 만약 이번 정탐여행 중 다시 한 나라를 가야 한다면 나는 주저없이 미얀마를 택할 것 같다.

여행을 해보니

짧은 기간 안에 동남아의 여러 나라를 돌아본 것은 내게 큰 축복이었다. 그곳에서 다양한 문화도 접했다. 영적인 현실도 느낄 수 있었다. 이런 여행 기회가 많으면 많을수록 세계관도 넓어지고 생각도 넓어질 것이다. 세계를 본 사람과 보지 않은 사람의 차이는 클 수밖에 없기 때문이다.

여행은 가능하면 젊어서 할 것을 권한다. 특히 대학생시절 여름방학을 이용해 일 년에 한 대륙씩 대표적인 몇 나라를 방문하여 여행해 본다면 인생의 가치관을 확립하는 데 큰 도움이 될 것이다. 세계를 가슴에 품어본 사람이 세계를 향한 영적 사역에 더 큰 역할을 할 수 있지 않을까?

나눔의 축복과 기쁨

여행을 마친 후 여러 모임을 통해 선교보고 기회를 가졌다. 지인들은 나에게 그동안 어디를 어떻게 다녀왔는지 무척 궁금해하며 물어왔다. 그래서 나는 기회가 주어질 때마다 선교여행 이야기를 나누었다. 여행에서 얻은 통찰력을 함께 나눌 수 있다는 것이 큰 축복이고 기쁨이었다.

이번 여행에서 얻은 유익들은 결코 나 자신만을 위한 것이 아님을 안다. 하나님이 주신 축복의 기회를 더 많은 사람들에게 나누는 것을 하나님께서 기뻐하실 줄로 믿는다. 정탐여행은 마쳤지만 여행을 통해 얻은 귀한 정보들을 필요한 사람들에게 계속 나누고 싶다.

제 3 부

Incredible India

인류 문명의 4대 발상지 중 한 곳,

힌두교라는 종교 때문에 소고기를 먹지 않는 나라,

힌두교와 이슬람교 간의 종교 갈등,

성스러운 물, 갠지스 강에서의 목욕,

불교의 발생지,

카스트 제도에 의한 사회 활동,

중국 다음의 세계 최대 인구,

영국 식민지와 독립운동,

문맹률이 전 국민의 50% 이상.

들 은 것 과 본 것 은 다 르 다

인도에 대해서 어떤 것들을 알고 있는가? 일반적으로 알고 있
는 것들을 써 본다면 대략 다음과 같지 않을까?

인류 문명의 4대 발상지 중 한 곳,

힌두교라는 종교 때문에 소고기를 먹지 않는 나라,

힌두교와 이슬람교 간의 종교 갈등,

성스러운 물, 갠지스 강에서의 목욕,

불교의 발생지,

카스트 제도에 의한 사회 활동,

중국 다음의 세계 최대 인구,

영국 식민지와 독립운동,

문맹률이 전 국민의 50% 이상 등등.

우리가 들어서 아는 것과 눈으로 확인한 것은 다르다. 인도 현지에서 직접 보고 들은 것을 몇 가지로 기술해 본다.

종교 갈등으로 인한 전쟁터 같은 북부지역,

불교가 미약한 곳,

다종교 사회,

더 나은 다음 생을 위해 현재의 카스트 신분을 수용하는 사람들,

엄격한 계층구조 하에서도 상위 사회진출이 가능한 곳,

뉴에이지를 추종하는 사람들이 모이는 곳,

가난과 최첨단 기술이 공존하는 곳,

세계 최고를 자랑하는 경영대학원과 공과대학이 있는 곳,

소를 먹지 않으면서 소를 수출하는 나라,

달라이 라마의 피난처,

성공적인 선교 열매가 있는 나라.

제1부와 2부에서는 안식년 기간을 이용해 다녀온 동남아시아

선교정탐 내용을 소개했다. 제3부에서는 워싱턴 지구촌교회에서 다녀온 인도 선교정탐 내용을 소개한다.

인도는 대도시 중심으로 크게 두 라인으로 구분해 볼 수 있다. 북부에서 남부를 잇는 도시들로 스리나가르(Srinagar), 델리(Delhi) 그리고 벵갈루루(Bangalore)를 들 수 있다. 또 서부에서 동부를 잇는 중요 도시로는 뭄바이(Mumbai), 바라나시(Varanasi), 콜카타(Kolkata)를 들 수 있다. 우리 팀은 두 라인 중에서 수도를 중심으로 수직선을 긋는 세 도시들-북북의 스리나가르, 수도인 델리, 남부에 위치한 벵갈루루-을 방문했다.

방문했던 도시들은 각각의 종교적인 특색을 가진 도시들이다. 수도 주변 도시는 힌두교가, 북부의 스리나가르는 이슬람교가, 남부의 벵갈루루는 기독교가 두드러진 도시이다.

왜 인 도 인 가 ?

인도는 중국 다음으로 인구가 많은 곳으로, 힌두교가 압도적이다. 기독교는 특정 지역인 남부의 고아주(Goa)와 케랄라주(Kerala), 그리고 북동부의 미조람주(Mizoram)와 나갈랜드주(Nagaland)의 경우에 강세를 나타낸다.[10] 인도 전체로 본다면 기독교의 인구는 매우 적다. 그러나 인도는 기독교 선교역사에 있어서 중요한 사역지 중 한 곳이다.

---

10 전명윤·김영남, 「인도 100배 즐기기」 (서울: 랜덤하우스중앙, 2005), p690.

인도 선교와 관련된 역사를 간략하게 살펴보면,

예수의 12제자 중 하나인 도매(Thomas)가 고아주에 상륙해 기독교가

처음 소개되었고,[11]

현대선교의 아버지라 불리는 윌리엄 캐리에 의해 복음이 전파되었고,

미국 침례교 선교역사상 가장 성공한 선교지로 나갈랜드주가 꼽히고, 영

국 식민지 시절에는 영국인들에 의해 많은 교회들이 세워졌다.

　　역사를 더듬어 보면 인도 기독교는 거의 2,000년 동안 맥을 이

어오고 있다. 현재 인도의 인구 구성비나 지역을 토대로 비교해 본다면 지

나온 역사에 비해 선교의 결과는 매우 미약한 편이다. 기독교보다는 힌두

교, 이슬람교 그리고 시크교와 같은 종교가 인도 사회에 전반적인 영향을

끼치고 있다.

　　이런 현실에 비추어 미국의 한 선교단체는 향후 몇 년간 인도에

선교사들을 전략적으로 집중 배치하는 사역을 계획하여 진행하고 있다. 이

는 인도 선교에 대한 긴급성과 가능성을 적용한 결과라 할 수 있다.

11 Ibid.

어 떻 게 인 도 를 소 개 할 까 ?

인도를 한 달간 방문하면 일 년간 나눌 이야깃거리가 있다.

인도를 일 년 방문하면 좋은 논문 한 편을 쓸 수 있다.

인도에서 십 년을 살면 할 말이 없어진다.

인도에서 들었던 인상 깊었던 이야기다. 처음 인도를 방문한 사람들은 할 말이 많다. 그것은 다양한 사회 모습 속에서 특별한 경험이라고 할 만한 볼거리들이 많기 때문이다. 처음 인도를 방문한 사람들은 본 것을 말하고 싶어 참을 수가 없을 정도이다. 상상도 못하던 일들을 직접 보니 자연히 할 말이 많을 수밖에 없다. 그러나 대략 10년을 살면서 인도 사회의 깊은 면들을 체험하게 되면 할 말을 잃어버린다고 한다. 그것은 인도라는 사회가 한 마디로 설명하기에는 너무나 다양하고 깊기 때문이다.

인도에 도착한 첫날부터 낯선 장면들을 많이 보게 되었다. 밤에 길거리에서 자는 수많은 사람들, 길거리에서 샤워를 하는 사람들, 중앙선이 없이 달리는 차량들, 차들을 의식하지 않고 도로 위를 어슬렁거리며 다니는 소떼들, 맥도날드에서 가져나온 프렌치프라이를 누군가가 와서 쏜살같이 낚아채가는 광경, 도와달라고 구걸하는 아이들 등은 첫 방문자의 눈을 당황스럽게 하는 모습들이었다. 그러나 인도를 그렇게 보이는 것만으로는 설명할 수 없다.

인도는 전 세계에 경쟁력 있게 내놓을 만한 것도 많다. 인도인들의 신분을 구분하는 카스트(Caste)제도에도 끼지 못한다는 불가촉천민(Untouchable) 출신 중에서 사회적으로 성공한 사람들이 적지 않다.[12] 또 인도는 자체적으로 인공위성을 띄우고 핵무기를 개발하는가 하면, 세계적인 기업 중 하나인 펩시콜라의 최고경영자로 인도출신 여성을 배출하기도 했다.

인도에서 보내는 시간이 늘어나면서 인도의 내면을 조금씩 이해할 수 있었다. 그러나 한 달도 채 안 되는 기간을 다녀왔기에 인도를 소개하기에는 너무 미흡하다. 하지만 인도를 다 소개할 수는 없다고 해도 내가 직접 보고 느낀 것만을 나눌 수 있다면 그것도 의미가 있을 것이다. 선교정탐이라는 여행 목적에 맞춰 인도의 모습을 소개하고자 한다.

발 걸 음 이   닿 았 던   곳

정탐 팀원들 모두가 인도 방문은 처음이다. 처음 방문하는 곳이라 알고 싶은 내용들이 많았다. 인도에 관한 기본적인 정보는 현지 사역자를 통해 대부분 알 수 있었다. 그리고 팀원들은 출발 전 훈련기간을 통해 현지 지역연구를 미리 한 상태였다. 정탐여행은 아래의 일정으로 진행되었다.

1일 차 : 워싱턴 레이건공항에서 출발

2일 차 : 인도 델리공항에 도착

12 불가촉천민 출신 중 인도 사회에 우뚝 선 인물로 나렌드라 자다브(Narendra Jadhav)가 있다. 그는 '인도의 살아있는 영웅'으로 불릴 만큼 영향력이 크다. 그의 저서 '신도 버린 사람들(Untouchables)'을 읽어 보면 불가촉천민의 위대한 도전과 성공에 관한 이야기를 알 수 있다.

3일 차 : 수도 델리(Delhi) 주변지역 탐방

7일 차 : 북부지역 스리나가르(Srinagar) 주변지역 탐방

10일 차 : 델리로 이동

12일 차 : 남인도 벵갈루루(Bangalore) 주변지역 탐방 및 신학교 방문

정탐 팀원들이 방문했던 곳은 북부의 스리나가르, 수도 델리 그리고 남부의 벵갈루루 주변지역으로 인도의 남북을 가로지르는 도시들이다.

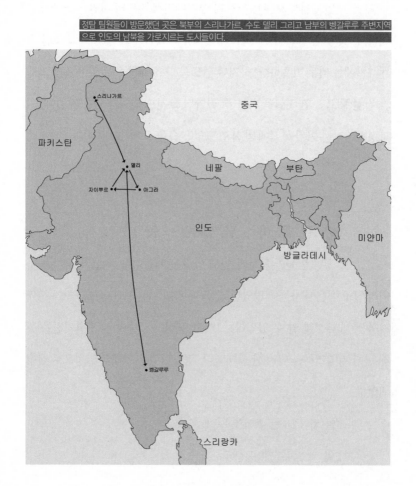

14일 차 : 사가르(Sagar) 지역 현지인 교회 방문

15일 차 : 벵갈루루로 이동

17일 차 : 벵갈루루에서 델리로 이동 직후, 델리공항을 출발해 미국으로 귀국

인 도^(India) 보 기

카스트 제도(Caste System)

인도에는 지난 수천 년 동안 내려오는 카스트라는 신분제도가 있다. 카스트는 성직자 계층의 브라만(Brahman), 왕족과 무사들인 크샤트리아(Kshatriya), 납세의 의무를 지닌 서민 계층의 바이샤(Vaisya), 그리고 피정복민의 노예계급인 수드라(Sudra) 이렇게 네 계급으로 구분된다. 그리고 이 네 계급에도 속하지 않는 최하위 계층을 불가촉천민(Untouchable)이라고 한다.

전체 인구 중 대략 불가촉천민과 무슬림이 각각 15%, 카스트 제도 내에 있는 사람들이 약 70%로 구성된다. 인도 무슬림들은 힌두교에서 개종한 자들이기에 그들이 개종 이전에 가졌던 카스트를 계속 유지하고 있다. 그래서 전체적으로 보면 카스트에 속하는 사람은 인구의 85%에 해당한다.

카스트는 사람의 성(Family name)으로 구분된다. 성을 통해 그 사람이 어느 계층에 속했는가를 알 수 있다.

카스트 제도를 이해하려면 '전생의 업'으로 불리는 '카르마' (Karma)를 이해해야 한다. 즉 카스트는 전생에서 그 사람이 무엇이었으며, 어떤 행동을 했느냐에 따라 구분된다는 것이다. 카스트 제도를 통해 사회적인 차별이 있다 해도 인도인들은 그것을 그대로 받아들인다. 어떤 사람이 자기 신분으로 인해 현재 어렵게 산다면 그것은 이전 생을 잘못 살았기 때문이라고 여긴다. 만약 현재의 삶을 그대로 받아들이지 않으면 다음 생이 어려워진다고 생각한다. 여자로 태어났으면 여자에 맞도록 순종해야 다음 생에 아들로 태어날 수 있다고 믿기 때문이다. 이런 의식으로 인도인들은 카스트라는 신분 제도에 대항하지 않고 순응하며 산다.

불가촉천민(Untouchable)

불가촉천민들은 카스트의 네 계층에도 속하지 못하는 자들이다. 이들은 인도 전체 인구의 15%를 차지하고 있으며, 신분 제도를 통해 사회적으로 비인격적인 대우를 받으며 가난하게 살고 있다. 이들은 주로 화장실 청소, 세탁, 이발, 백정, 시체 수거인 등과 같은 사람들이 꺼리는 업종에 종사한다. 쓰나미로 인해 죽은 희생자들이 넘쳐났을 때도 시신 처리를 불가촉천민들이 했다고 한다.

외국인들도 불가촉천민에 속한다. 왜냐하면 외국인은 카스트에 들어갈 수 없기 때문이다. 불가촉천민은 힌두교 안에만 있다. 보통 사람들은 그들이 불결한 사람이라고 생각하여 전혀 접촉도 하지 않는다. 이

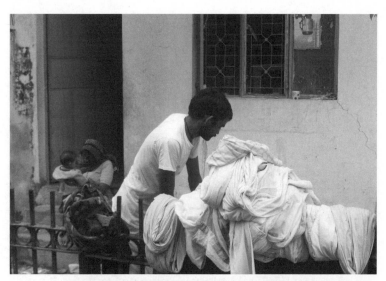
불가촉천민이 손빨래를 하고 있다. 이들은 인도 사회에서 가장 하위 계층으로 살아가는데 드물기는 하지만 고위 공직자들이 이들 신분에서 나오기도 한다.

런 차별로 인해 그들은 고등교육을 받을 기회가 적다. 그래서 인도 정부에서는 공무원 채용이나 학교 진학에 특혜를 주고 있지만 여전히 그 혜택을 누리는 사람은 소수이다. 기회가 주어져도 그 기회를 내 것으로 만들어낼 만한 능력 있는 부모가 극히 적기 때문이다. 정부는 정책적으로 불가촉천민을 포용하는 측면에서 그들을 'Scheduled caste' 라고 부른다. 이는 앞으로 그들이 카스트에 들어올 사람이라고 여기는 것이다.

현지 사역자 댁에서 일하는 불가촉천민 가정부가 있었다. 사역자는 그녀에게 화장실 청소를 요청했다. 그런데 갑자기 그 가정부가 사역자에게 화를 냈다고 한다. 이유를 알아보니 불가촉천민 중에도 여러 분류가 있는데, 그 가정부는 화장실을 청소할 정도의 불가촉천민은 아니었기 때문이란다. 참 인도 사회는 어렵다.

힌두교와 직업

인도는 힌두교 국가를 세우려고 한다. 그 결과 무슬림들에게는 공무원이나 군인이 될 수 없도록 하고 있다. 왜냐하면 무슬림들이 그런 직업을 갖게 되면 무슬림들과 힌두교도들이 서로 갈등해 궁극적으로 힌두교 국가를 세울 수 없다고 여기기 때문이다.

공무원들은 자신의 직업을 세습할 수 있다. 아버지가 죽으면 아들이 공무원이 된다. 만약 아들이 어리면 성인이 될 때까지 기다린다. 공무원이 된다는 것은 신분이 보장됨을 의미한다. 신분보장이 되니 일의 능률은 자연스럽게 떨어진다. 공무원뿐만 아니라 일반 직업도 세습된다. 아버지가 이발사면 아들도 이발사가 되는 식이다.

직업 계층으로 카스트가 분류되기에 각 계층 간에 이동 가능성이 관심사이다. 높은 카스트에서는 낮은 카스트로 가려 하지 않고, 낮은 카스트의 사람은 높은 카스트로 올라오지 못하게 방해 받는다. 인도 사회는 카스트 제도를 통해 보이지 않는 장벽들이 쳐져 있는 것이다.

신 카스트 제도

요즈음 인도에서는 경제 성장으로 인해 신 카스트 계층이 생겨나고 있다. 그들은 사업을 통해 부를 축적하면서 새롭게 등장한 계층이다. 가끔은 성직자 그룹인 브라만 계층에서도 가난한 사람들이 있기는 하지만, 이들은 반대로 낮은 계층이면서 부자가 되어 새로운 계층으로 부상하고 있다. 이들이 바로 신 카스트들이다.

힌두인들이 지배하는 전반적인 사회 분위기에서는 돈이 우상이다. 힌두의 신 중에 풍요를 가져다준다고 하는 가네샤(Ganesha)는 코끼리 얼굴 모양을 하고 있는데, 집이나 사업체마다 이 신상 그림이 걸려 있다. 힌두교인들이 정신 수양을 강조하지만 실상은 재물에 집착하는 이들의 한 단면을 보게 된다.

직업을 통해서도 새로운 카스트가 생겨나고 있다. 정치인 직업을 자녀에게 물려주어 정치인 카스트가 되도록 하며, 기독교인들의 자녀가 기독교인이 되어 기독교인 카스트가 되는 것이다. 제도권 속에서는 네 계층의 카스트가 있지만, 경제 능력 혹은 직업에 따른 신분 구분을 통해서 새로운 카스트가 형성되고 있다.

뉴델리의 빈민들이 거주하는 도시 뒷골목.

노숙자 천국

델리 시내를 밤에 다녀보면 길거리에서 자고 있는 사람들을 쉽게 볼 수 있다. 이들 중 상당수는 시골 지역에서 올라온 사람들인데, 직장에서 번 돈을 아끼기 위해 길거리에서 잔다고 한다. 날씨가 춥지 않아 노상에서 지내는 것이 가능하겠지만 문제도 많아 보였다.

샤워는 어디서 하는지,

음식 준비는 어떻게 하는지,

노숙을 하면 정부에서 규제는 하지 않는지,

화장실 이용은 어떻게 하는지,

건강 관리는 어떻게 하는지 등.

계속되는 의문점을 현지 사역자에게 물어 보았다. 샤워는 길거리마다 수도꼭지들이 있어서 노상 샤워가 가능하단다. 화장실은 본인도 의문이란다. 길거리에서 냄새가 많이 나긴 하는데 구체적으로 어떻게 처리하는지는 모른다고 한다. 건강 관리는 사치스러운 이야기이며, 무엇보다 정부가 노숙자들을 통제하지 않는다고 한다. 왜냐하면 이들의 수가 너무 많은 비중을 차지하기 때문이란다.

인도식 결혼 스타일

인도인들을 이해하려면 결혼 제도를 이해해야 한다. 결혼을 할 때 인도인들은 개인 대 개인의 관계보다 집단(Family) 대 집단의 관계를 더 중요하게 생각한다. 최첨단 기계문명이 발달한 요즈음에도 인도에는 전통적인 결혼 방식들이 적용된다. 몇 가지를 들면 다음과 같다.

일반적으로 인도에서는 지참금이 없이는 결혼이 되지 않는다. 막상 적은 지참금으로 결혼을 한다고 해도 여자는 시집 식구들에게 구박받을 각오를 해야 하며, 결혼 시 지참금이 중요한 만큼 지참금을 적게 가져오면 이혼의 주된 사유가 되기도 한다.

이들은 또, 다른 계층과는 결혼하지 않는다. 만약 다른 계층 사람과 결혼하게 되면 가족, 친척, 마을 혹은 사회로부터 일종의 왕따를 당할 수 있다.

그리고 친족 간의 결혼이 성행한다. 친족 간 결혼은 서로 잘 알고, 믿을 수 있고, 지참금을 적게 줘도 되기 때문이다.

결혼을 하면서 신랑은 신부에게 목걸이, 팔찌, 금반지 등을 가능하면 많이 해준다. 패물을 많이 해줄수록 능력 있는 남편으로 인정받기 때문이다. 여자가 몸에 귀금속과 같은 패물을 많이 갖고 있지 않으면 그 여자는 능력 없는 남편과 사는 것으로 여겨진다.

가정에서 부모의 권위는 예전보다는 많이 약화 되었지만 여전히 영향력이 크다. 성인 남자라도 결혼할 때는 부모가 연결해 준 여자와 결혼해야 한다. 만약 마음에 들지 않으면 거절할 수는 있지만 다시 부모가 소개해 주는 여자를 만나 결혼해야 한다. 자식이 부모의 뜻을 거역하기가 어렵다. 만일 거역하는 경우에는 부모로부터 경제적인 도움을 전혀 받지 못하는 불이익을 받아야 한다.

인도로 가는 비행기 안에서 일행 중, 9살 때 미국으로 이민 와 20살이 된 인도 청년과 대화를 나누었다. 그 형제는 부모가 정해준 자매를 만나기 위해 인도로 가는 중이었다. 그는 자신의 가족 이야기를 해 주었다. 약 10년 전 자기 삼촌의 경우에는 부모가 소개한 자매와 무조건 결혼해야 했다고 한다. 그 당시에는 그것을 거절하면 부모가 때려서라도 결혼을 시켰다고 한다. 요즈음은 억지로 결혼을 시키지는 않지만 부모가 다시 결혼 상대자를 찾아 소개해 주기 때문에 결국 부모의 뜻대로 결혼하게 되는 셈이다.

기내에서 만난 청년도 10년 이상을 미국에서 살았지만 인도식 결혼 스타일을 그대로 따르고 있었다. 먼 길을 떠나 만나는 자매인 만큼 한 번에 마음에 들면 좋겠는데, 어떻게 결과가 나올지 궁금하다.

영화 강국

인도는 영화 강국이다. 인도의 경제 중심도시로 알려진 뭄바이 (Mumbai)는 미국의 할리우드(Hollywood)와 비교해 볼리우드 (Bollywood)라고 불린다. 볼리우드에서는 일 년에 약 800편의 영화가 제작되어 영화 제작 편수에 있어서 세계 최고이다.

인도 영화는 청춘남녀의 데이트와 결혼에 관련된 내용이 많다. 주로 서로 다른 신분 계층의 남녀가 만나서 데이트를 하다가 부모의 반대로 헤어져, 각자 부모가 짝지어준 사람과 결혼하게 된다는 이루어질 수 없는 사랑 이야기가 주를 이룬다.

인도에서는 영화 개봉 6개월 전에 미리 주제곡을 포함한 영화 음악을 테이프로 만들어 보급한다. 일반 시민들이 먼저 영화 음악을 익힌 다음, 실제 영화가 상영되는 것이다. 간혹 영화광들은 영화를 보는 도중, 무대와 의자 사이에 있는 공간에 나와 춤을 추고 노래를 부르기도 한다고 한다.

10 장 혼돈의 성

인도 여행의 첫 방문지는 수도인 델리와 주변지역이었다. 수도 델리는 잘 정리된 도시이지만, 중심가를 조금만 벗어나도 힘들게 생활하는 도시 빈민들의 삶을 쉽게 접할 수 있다. 가난과 부, 인종, 종교와 신화들이 한 데 뒤섞여 사회를 이루고 있는 느낌이었다.

특히 힌두교(Hinduism)와 이슬람교(Islam)와 시크교(Sikhism),[13] 그리고 여기서 파생되거나 혼합된 여러 종교들이 인도 사회에 깊숙이 자리 잡고 있다. 마치 델리는 종교적인 면에서 혼돈의 성과 같이 보인다. 서로 자신들의 종교 영역을 강화하려는 종교 확장 대회장 같다.

이에 반해 기독교는 너무나 조용하다. 인도에서 기독교는 그 역사가 길지만 역사에 비해 영향력은 작다. 기독교는 전체 인구에서 2%를

---

13 시크교는 힌두교에서 파생된 종교 중 하나이다. 이 종교는 힌두교에도 이슬람교에도 속하지 않는다는 것을 강조한다. 남자들은 머리에 터번을 쓰고 머리카락과 수염을 깎지 않기에 쉽게 시크교도임을 알 수 있다.

약간 넘는다. 이런 현실에서 먼저 혼돈의 실체를 좀더 정확하게 파악하는 것이 필요하다. 인도는 다문화와 수용이라는 옷을 입고 오늘도 사람들을 상대로 여러 종교들이 확장을 위해 노력하고 있다. 실체를 파악하고 대안을 만들면 혼돈의 성에서도 복음은 능력을 발휘할 수 있을 것이다.

델리에는 약 6천 명 정도의 교민이 살고 있다. 교민들이 많지만 한국 식품점이 없다. 현지 한국인들 중 일부는 여행자들과 연결해서 한국 식품을 조달한다. 만약 인도에 살고 있는 한국인들을 방문할 예정이라면 한국 식품은 좋은 선물이 될 것이다.

카 스 트 를 깨 뜨 릴 수 없 을 까 ?

카스트를 빼놓고는 인도를 설명하기 어렵다. 카스트는 그만큼 인도 사회에 깊이 뿌리를 내린 제도이다. 상위 계층의 카스트들은 기득권을 누리며 살고 있지만, 하위 계층 특히 불가촉천민들은 너무나 고통스러운 사회제도를 인정하며 살아야 한다. 카스트 제도를 바꿀 수는 없을까? 나는 현지 사역자와 함께 이 주제로 대화를 나누었다. 아래의 제안이 카스트 제도에 눌려있는 인도 사회에 좋은 접근방법이 됐으면 좋겠다.

첫 번째, 경제 발전으로 불가촉천민들에게 지급하는 임금이 점점 높아질 때 변화 가능성이 있다. 예를 들어 세탁기가 전 국민에게 보급되고, 불가촉천민들의 직업 중 하나인 빨래와 다림질 비용이 점점 증가한다고 가정해 보자. 비용 증가로 사람들은 세탁기 사용을 선호할 것이다. 다른 한편으로 불가촉천민들은 빨래하는 직업으로 생존이 어렵다는 것을 깨닫는다. 경제상황이 사람들에게 변화를 요구하는 것이다. 불가촉천민들도 생존을 위해 노력해야 된다. 이런 사회적인 변화에도 불구하고 기득권층은 한동안 불가촉천민들의 노동력을 계속 활용하려고 할 것이다. 그래도 시간이 지나면 변화를 거스르지는 못할 것이다.

두 번째, 국제 결혼을 통해 카스트 제도에 변화를 자극해 본다. 인도인들은 외국인과 결혼하는 것을 좋아한다. 국제 결혼을 하면 신분이 상승하는 것으로 여긴다. 또 외국에 나갈 수 있는 기회도 갖게 된다. 이러한 면에서 국제 결혼은 어느 정도 카스트 제도로부터 신분을 자유롭게 해줄 수 있다.

세 번째, 인터넷의 보급을 확대시킨다. 인터넷은 전 세계적으로 자유로운 정보 교류를 가능하게 한다. 하위 계층의 교육 수준이 높아지고 인터넷 사용자 수가 늘어나면 인터넷의 영향을 직접적으로 받게 될 것이다. 인터넷에서 얻은 다양한 정보들로 인해 세계를 바라보는 눈이 넓어지면서 낮은 계층 사람들부터 서서히 변화를 꾀하게 될 것이다.

네 번째, 해외에서 파송된 사역자들이 상위 계층의 카스트들에게 영향을 끼친다. 즉 사역자들이 그들을 먼저 복음 안에서 변화시키는 것이다. 그 후 상위 카스트들이 하위 카스트 내지 불가촉천민들에게 복음을 통해 바뀐 삶을 적용한다. 차별이 없었던 예수님의 사랑을 먼저 경험한 사람들이 경험하지 못한 사람들에게 나누도록 한다.

　다섯 번째, 캠퍼스에서 복음 사역을 강화한다. 인도에는 전 계층의 사람들이 대학에 진학한다. 불가촉천민도 대학에서 일정한 수를 뽑는다. 이렇게 대학은 모든 계층의 사람들이 있기 때문에 사역을 통해서 좀 더 효과적인 변화를 기대할 수 있다. 대학생과 같은 젊은 층이 변화하게 되면 언젠가 그들이 지도자가 될 것이고 사회에 큰 영향을 끼칠 수 있을 것이다.

종 교 박 람 회

　델리에서 다양한 종교를 접했다. 인도인들은 종교생활에 대단한 열정을 가지고 있다. 낮 시간에 몇몇 종교 시설을 방문했는데 많은 사람들이 북적거렸다. 여러 곳을 다녀보니 마치 종교박람회를 보는 듯 했다.

　요가를 퍼뜨려 세계를 평정하려는 계획을 가진 크리쉬나 템플(Krishna Temple)을 방문했다. 성전에 들어가 보니 사람들이 기도를 한 후 손바닥에 우유 같은 액체를 받아 마셨다. 그 액체를 신이 주는 축복으로 여겼다. 어떤 사람은 손가락으로 계단을 터치(Touch)하고 있었다. 그것은 신에게 존경을 표하는 것이라고 했다.

　이슬람의 한 종파로 나온 바하이(Baha' i) 템플을 방문했다. 이들은 예수를 성자 중 한명으로 여긴다. 아홉 개의 연꽃잎 모양으로 세워진 템플이 유명 관광지가 되어 끊임없이 사람들이 이곳을 찾았다. 정해진 시간마다 드리는 예배를 통해 그들은 관광객들에게 바하이 신앙을 전하고 있었다. 바하이 신앙이 전 세계에 퍼지면서 한국에도 그 본부가 있는 것을 알게 되었다. 현지에서 얻은 한글 안내지에 의하면 한국 본부가 서울시 용산구 후암동에 있는 것으로 되어 있었다.

시크교도들의 템플도 방문해 보았다. 템플을 가기 전에 안내인이 시크교에 대한 설명을 자세히 해 주었다. 그는 시크교에 대해 자부심이 대단했다. 팀원들이 템플에 들어갈 때에도 신발을 벗고 머리에 천으로 된 상투를 쓰도록 요구했다. 그들 나름의 규율과 경건성을 볼 수 있었다.

무 슬 림 에 게   접 근 하 기

델리에는 5개의 무슬림 지역이 있는데, 그 중 한 지역을 방문했다. 그 지역은 주로 가난하고 교육받지 못한 사람들이 살고 있었다. 아이들은 학교에서 거의 주입식 교육을 받는다. 학교에서 선생님들은 가끔 아이들에게 체벌로 뺨을 때리기도 한단다. 또 가정에서 부모가 자녀들에게 가하는 심한 체벌로 인해 폭력적인 아이들이 많다고 한다.

여러 사역자가 팀을 이루어 영어학교와 초등학교를 운영하고 있었다. 사역자들이 운영하는 학교는 현지의 일반 학교와는 다를 것이다. 그곳은 주입식 교육과 체벌이 아닌 예수 그리스도와 사랑을 전하는 교육이 이루어질 것이다.

무슬림 부모들은 그들의 경제력으로 자녀들의 교육 뒷바라지 하기가 무척 어렵다. 그래서 부모들 중 일부는 기독교 사역자가 운영하는 학교인 것을 알고도 자녀들을 그 학교에 보낸다. 정작 아이들을 보내고는 있지만 자녀들이 학교에서 기독교에 물들지 않을까, 이슬람에서 벗어나지 않을까 갈등도 많다.

부모들은 그 학교를 통해 혜택을 받으면서도 신앙적으로는 경계해야 하는 현실에 직면해 있다. 어떻게 무슬림 부모들의 마음을 움직일

1. 무슬림 여성들이 이슬람 법에 의해 모스크에 들어가지 못하고 모스크 주변에서 시간을 보내고 있다.
2. 세 명의 아내를 거느린 무슬림 남편이 아닐까?
3. 금요일 오후에 야외에서 모임을 갖고 있는 무슬림들

수 있을까? 오직 그들에게 주님이 주시는 사랑의 빛을 통해서 가능할 것이다.

간디는 "인도에서 선교하려면 기독교에서 말하는 것처럼 말하는 것만큼 삶을 살아야 한다"고 했다. 이는 행동으로 감동을 주어야 함을 말한다. 특히 무슬림들을 전도하려면 '관계'를 세우는 것이 중요하다. 관계가 형성되면 마음을 열게 되고 열린 마음에 복음도 스며들 수 있다. 이런 과정을 거치면서 자연스럽게 복음을 접하게 하는 것이다.

음 식 사 주 기

카스트 제도로 인해 힌두인들은 다른 계층과는 식사도 하지 않는다. 낮은 계층이 만든 음식은 먹지도 않고 손대지도 않는다. 제일 높은 계층인 브라만이 만든 음식은 누구나 먹는다. 이런 이유로 식당에는 브라만 출신 요리사가 많다.

그러나 무슬림들은 식사나 음식 조리와 관련해서 차별을 하지 않는다. 무슬림들이 운영하는 식당에 가보면 식당 앞에 서성거리거나 혹은 줄을 지어 앉아 있는 사람들을 볼 수 있다. 이들은 누군가가 자기들을 위해 음식을 사주기를 기다리는 사람들이다. 실제 우리 팀원들이 10인분의 식사를 제공해 주겠다고 제안해 그 값을 치렀다. 그러자 식당 주인은 바깥에서 기다리는 사람들 중 열 명을 불러 식사를 하게 했다. 무슬림들은 음

식당 앞에서 음식을 사주기를 기다리는 사람들. 우리 일행이 열 명분의 음식을 사겠다고 하자 금방 식당에 들어와 자리를 채웠다.

식 나누는 일을 통해 구제에 참여한다. 그들이 이런 일에 적극적으로 참여하는 것은 선을 행하면 자신들이 지은 죄가 경감된다고 믿기 때문이다.

이 슬 람 성 직 자 를 만 나 보 니

수도 델리에서 버스로 5시간 정도 떨어진 곳에 위치한 아그라(Agra)를 방문했다. 이곳은 인도 역사에 중요한 장을 차지하는 무굴제국의 옛 수도로 인도가 세계적으로 자랑하는 타지마할(Taj Mahal)이 있는 곳이다.

타지마할은 무굴제국의 제5대 황제였던 샤 자한(Saha Jahan)이 출산 중에 죽은 아내에 대한 그리움과 사랑의 표시로 만든 무덤이다. 당시 황제는 흰 대리석으로 만든 타지마할 무덤 외에 타지마할 옆 야무나 강(Yamuna River) 건너편에 검은 대리석으로 왕 자신의 무덤도 만들려는 계획을 가지고 있었다. 그러나 그 계획은 실행되지 못했다. 타지마할을 짓는 22년 동안 2만 명 이상이 동원된 결과 국고에 큰 부담을 주었기 때문이다.

그 이후, 국가가 기울면서 동인도회사가 들어오게 되고 나라는 멸망의 길로 접어 들었다. 이것은 인간의 한없는 욕심의 끝을 보여주면서, 동시에 나라의 지도자가 불과 몇 년 앞을 보지 못할 경우 어떠한 불행한 결과를 가져올지를 잘 보여준다.

타지마할에서 땅밟기 기도시간을 가진 후, 정면에서 왼쪽 편에 위치한 모스크를 찾았다. 모스크 앞에서 이슬람의 성직자로 불리는 한 이맘이 기도를 하고 있었다. 나는 조금 후 기도를 마친 이맘에게 함께 사진을 찍자고 요청했다. 그러나 이맘은 완곡하게 거절했다. 대신에 사진을 잘 찍을 수 있는 장소들을 안내해 주었다. 그분을 따라 다니면서 사진을 찍으니 이슬람 관련 책에서 본 듯한 유명한 사진들을 다 찍을 수 있었다.

모스크에서 이맘이 예배를 인도하지만 이슬람에는 공식적으로 성직자가 없다. 실제 이맘의 삶에 대해 알고 싶어 몇 가지 질문을 했다. 이맘은 질문에 답을 잘해 주었다. 사진도 찍고 대화도 어느 정도 나눈 후,

갑자기 이맘이 나에게 금전적으로 도와달라는 요청을 했다. 자신은 아무런 사례를 받지 않고 이맘 역할을 감당하고 있는데, 어떤 것이라도 도와주면 좋겠다는 것이다. 함께 동행한 현지 사역자와 의논 끝에 약간의 도움을 주었다. 이 일로 인해 나는 이맘들이 겪고 있는 현실문제를 알게 되는 계기가 되었다. 일반적으로 이맘들은 매우 보수적인데, 돈 때문에 세속화의 영향을 받고 있었다. 세속화의 물결이 심해질수록 이슬람도 그 영향에서 자유로울 수는 없을 것 같았다.

어 떻 게   힌 두 교 를   설 명 할 까 ?

힌두교는 다신을 따르는 종교이다. 원숭이, 코끼리, 소 등등 어떤 사물이라도 종교적인 숭배 대상이 된다. 힌두교도들이 동물들을 숭상하는 것과 관련해서 한 가지 엉뚱한 의문이 생겼다. 힌두인들 중에도 고등교육을 받거나 또는 학생들을 가르치는 교사들이 있을 것이다. 학교에서 생물과목 시간에 힌두교도 선생님은 어떻게 가르치고 학생들은 어떻게 배울까?… 수도인 델리를 다니다 보면 동물 그림들을 많이 볼 수 있다. 그것은 바로 힌두인들의 종교적인 정서를 그대로 반영하고 있는 증거들이었다.

힌두 템플에 들어갈 때 힌두인들은 종을 치고 들어간다. 종을 치는 이유는 '신을 깨운다'는 것과 '내가 여기에 왔다'는 의미가 있다. 기독교와는 너무나 대조가 된다. 우리 하나님은 졸지도 않고 주무시지도 않는데(시 121:3-4), 힌두신은 깨워야 하기 때문이다.

      힌두교는 윤회사상을 강조한다. 이생은 전생의 결과이고 또한 이생에 의해 후생도 결정된다고 믿는다. 지금 이생에서 크게 고통 받고 있다면 전생에서 잘못한 게 있으니 지금 태어난 그대로 업보를 다해야 한다고 생각한다. 그래서 현재 일을 잘 감당해야 다음 생애에 더 좋은 신분으로 태어날 수 있다는 것이다. 힌두교가 육식을 금하는 이유도 여기에 있다. 그들의 말에 의하면, 내가 먹는 고기가 나의 부모일 수도 있고, 실제 내가 그 고기로 다시 태어날 수도 있기 때문인 것이다.

힌두교도들이 치는 종. 우리 일행이 식사를 하는 동안에도 힌두인들이 종을 치고 음식점에 들어오는 것을 자주 볼 수 있었다.

이러한 종교적인 결과에 따라 불가촉천민이라는 특별한 계층도 생기게 되었다. 불가촉천민은 하위 계층을 지배해 편히 살려는 지배계층의 이기심과 윤회사상을 강조하는 힌두교가 만든 합작품으로 보였다.

왜 힌두인들이 타종교로 개종하는가?

힌두인들 중에서 낮은 계층의 사람들이 주로 이슬람으로 개종한다. 특히 카스트에도 들어가지 못하는 특정 그룹인 불가촉천민(Untouchable)들이 많다. 힌두인들은 윤회사상에 의해서 사후세계에 다시 태어날 때 잘 태어나야 하는데, 불가촉천민들은 그럴 가능성이 없다고 믿는다.

이슬람교에는 천국 개념이 있다. 불가촉천민들의 경우에는 단지 천국에 대한 이야기를 들으면서 이슬람 종교가 그들의 희망이라고 생각한다. 그들의 개종은 경제적인 이유보다 다음 세계와 관련한 종교적인 이유가 주를 이룬다. 소위 이슬람이 그들에게 희망의 종교인 것이다. 비슷한 이유로 천민들이 이슬람뿐만 아니라 불교로 개종하기도 한다. 인도가 불교의 발생지이긴 하지만 불교의 힘은 매우 약하다. 인도 사회에서 불교가 약한 것은 불교가 카스트 제도를 부정하기 때문이라고 말한다. 그러나 불교의 상황도 조금씩 바뀌고 있다. 불가촉천민의 개종에 힘입어 불교가 도약의 기회를 맞고 있는 것이다.

불가촉천민들이 이슬람교나 불교로 개종하고 있다면, 그들에게 우리의 천국복음을 전할 때 기독교로 개종할 가능성도 높다는 것이다. 복음이 천국열쇠라는 것이 바로 기독교의 핵심이 아닌가? 이러한 점에서 2억 명을 차지한다는 불가촉천민들에 대한 선교 가능성을 예측할 수 있다. 불가촉천민들에게 복음을 나눌 수 있는 전략적인 접근방법을 가지고 그들에게 적극적으로 다가가야 할 것이다.

Washing Day

일정 중 하루를 델리에 있는 빈민지역을 방문해 섬김의 날, 즉 'Washing Day'로 보냈다. 그곳은 마치 1950년 한국전쟁 때, 피난민들의 집단 판자촌이 들어섰던 용산 일대의 해방촌을 연상시켰다. 주거환경이 열악하고 피부병 등 많은 질병에 노출돼 있어 언제든지 건강을 위협할 수 있는 곳이었다.

'Washing Day' 사역은 월 1회 실시된다. 빈민가정 아이들을 목욕시켜주고 머리를 깎아주는 것이다. 사역지로 가는 도중에 소위 빈민가의 뒷골목 장면들을 볼 수 있었다. 힘없이 오고가는 수많은 사람들, 곳곳에 보이는 소들, 그 아래 깔려있는 소똥, 열악한 근로환경의 봉제공장들, 파리 떼를 친구삼아 앉아 있는 사람들 등을 보며 지났다.

봉사자는 현지인, 현지 사역자, 정탐팀원 등 약 10명으로 구성되어 두 팀으로 나눠 봉사를 했다. 사역 장소는 방글라데시 사람들이 인도에 와서 집단 빈민촌을 이룬 곳이었다. 그들이 사는 생활 환경은 정말 말로 표현하기 어려웠다.

목욕을 시켜주는 것은 공동 우물가에서 물을 끼얹고 비누칠을 해 준 다음 다시 씻어주는 것이었다. 이곳의 경제적인 형편에 샴푸는 사용하기 어렵다. 더운 날씨에 목욕해서 시원하고, 머리까지 깎을 수 있으니 아이들은 무척 좋아했다. 처음에는 다소 아이들이 뜸하더니 시간이 지나자 그곳에 아이들로 가득찼다. 현지 사역자는 자주 이런 기회를 만들 수 없어 안타깝다고 했다.

함께 사역에 참가했던 사역자는 사역과 관련된 자신의 이야기를 들려 주었다. 그분은 미국에서 박사학위를 받은 분으로 델리에 오셔서 언어공부를 하면서 사역을 위해 머리 깎는 기술을 배웠다고 한다. 당일 사역에 참가한 분들 중에 그분만이 머리를 깎을 수 있었다. 목욕은 나누어서 할 수 있었지만 머리 깎는 일은 그분만의 고유 사역이 되었다. 몰려드는 아이들로 인해 그분은 점점 바빠졌다.

사역을 하는 동안에도 무더운 날씨가 계속되었다. 뜨거운 햇볕에 모자를 쓰지 않고는 도저히 사역을 감당할 수 없었다. 날씨에 적응하지 못한 사람들은 바깥에서 사역을 할 때 일사병이 염려될 정도였다. 어려움도 있었지만 무사히 사역을 마친 후, 일행은 점심식사를 위해 식당에 갔다. 에어컨이 있는 식당에서 식사를 하면서 감사가 저절로 나왔다.

섬김 사역을 하면서 현지에서 사역하는 인도인 목사님의 간증을 듣게 되었다. 그분은 총각 때 너무 몸이 아파 매우 어려운 형편에 처해 있었다고 한다. 병 때문에 그는 무당 굿 등, 안 해본 것이 없을 정도로 모든 방법을 다 동원해 보았지만 허사였다고 한다. 그때 너무나 힘든 상황에서 지푸라기라도 잡는 심정으로 교회를 소개받아 찾게 되었고, 예배도 참석하게 되었다고 한다. 그 결과 예배와 기도를 통해 치유의 역사를 경험하고 바로 예수를 믿게 된 것이다.

예수를 믿은 후 집안의 핍박이 심해졌다. 식구들의 핍박을 피해 다른 곳으로 거주지를 옮기기까지 했다. 그곳에서 지금의 아내를 만나

Washing Day 사역. 동네 아이들이 오면 봉사자들이 몸을 씻어주고 머리를 깎아준다.

가정을 이루었다고 한다. 하나님의 은혜를 경험한 목사님은 하나님께서 자신에게 베풀어주신 사랑에 감사해, 이곳 방글라데시 난민들이 살고 있는 지역에서 사역을 하고 있었다. 그는 받은 사랑을 헤아리며 그리스도의 사랑을 필요로 하는 사람들을 위해 나눔과 섬김의 삶을 살고 있었다.

Truth is God

간디기념박물관(Gandhi Memorial Musium)은 인도의 국부로 알려진 마하트마 간디(Mahatma Gandhi)를 기념하기 위해 만든 곳이다. 간디는 인도의 독립에 가장 큰 영향력을 끼친 인물이다. 인도 지폐인 루피(Rupee)에 인물로는 간디 그림만 있다. 이것만 보아도 간디가 인도에서 끼치는 영향력이 어느 정도인가를 알 수 있다.

박물관 입구에 'Truth is God'이 새겨져 있는 머릿돌이 있었다. 그것을 보면서 크리스천의 입장에서 진리에 대한 정확한 표현을 말하고 싶었다. 'God is Truth.' 두 문장의 차이는 적은 것 같지만 의미에 있어서는 크게 달랐다.

함께 동행한 사역자가 우리 일행에게 기도제목을 주었다. 인도에서 위대한 성자로 불리는 '마하트마 간디'처럼 영향력 있는 기독교인이 나올 수 있도록 기도해 달라는 것이었다. 간디의 묘지를 방문해 보니 외국인들보다 인도인들 참배객이 훨씬 많은 수를 차지했다. 그들이 이곳에 오는 이유는 존경심의 표현이라고 했다. 마음에서 우러나오는 존경심으로 직접 묘지를 찾는 인도인들을 보면서, 크리스천 간디를 꿈꾸는 현지 사역자의 기도제목이 더 가슴에 와 닿았다.

조 용 한   선 교

주중에는 어린 아이들을 위해 유아원으로 사용하고 주말에는 예배장소로 사용되는 곳을 찾았다. 예배에 참석하는 사람들 대부분은 힌두교에서 개종한 사람들이다. 힌두인들이 기독교로 개종하는 것은 큰 문제가 되지는 않는다고 한다. 힌두교인이 절대다수를 차지하고 있는 상황에서 소수 종교인 기독교에는 크게 신경을 쓰지 않는 것이다. 하지만 이럴수록 조용하게 선교를 진행해야 한다. 방문한 곳은 예배를 시작한 지 1년 정도 지났는데, 현재 50명 정도가 출석하고 있단다.

대도시에서는 힌두교인들의 개종이 크게 문제가 되지 않지만 중소도시나 시골지역에서는 다르다. 실제 인도 남부지역에서 2년 전 있었던 이야기를 들었다.

한국에서 단기봉사 팀의 일원으로 오신 목사님이 전형적인 힌두교 지역의 인도인 목사가 목회하는 교회에서 설교를 했다. 예배를 거의 마칠 즈음에 동네 청년들이 교회 건물을 둘러쌓다고 한다. 그것은 외부인이 자기 지역에 들어와서 설교를 했다는 이유였다. 그때 예배를 드리던 사람들이 거의 두 시간이나 갇혀 있었다고 한다. 교회에서는 경찰에 도움을 요청했고, 얼마 후 경찰이 오자 청년들이 흩어졌다고 한다. 갇혀 있는 동안 교회 안에 있던 사람들은 거의 종교 테러를 당할 뻔한 상황이었던 것이다. 그 두 시간이 무척이나 길게 느껴질 뿐 아니라, 사람들 사이에서는 연약한 믿음으로 인해 동요와 두려움이 많았다고 한다.

또 다른 예로, 특정 이슬람 지역에 한국에서 매년 6개의 단기봉사 팀이 찾아 왔다고 한다. 어떤 해는 한 번에 거의 30명이 온 적도 있다고 한다. 이렇게 이슬람 지역에 너무 많은 사람들이 와서 사역을 하게 되면 신분 노출로 인해 피해가 생길 수 있다. 이런 경우 나중에 현지 사역자가 추방될 가능성도 배제할 수 없게 된다.

개종한 분들에게도 조용한 접근이 필요하다. 그리고 외부에서 오는 장단기 사역자들도 조용한 가운데 사역을 진행하고, 하나님께서 역사하실 사역의 열매를 기대하며 나가야 할 것이다.

인 생 십 일 조

한 자매 사역자를 만났다. 대화 중에 자매가 인도로 오게 된 동기를 듣게 되었다. 그분은 신학대학을 다니던 중에 인도에 두 달간 단기봉사를 하게 되었다고 한다. 그때 하나님께 헌신의 마음을 품고 동참해야겠다는 부담감을 느꼈다고 한다. 그래서 기도 중에 인생의 십일조를 주님께 먼저 드리는 삶을 살아야겠다는 결심을 하게 되었다고 한다.

인생의 십일조를 어떻게 해석해야 할까? 크리스천들 중에는 사회 생활을 하면서 첫 수입 전체를 헌금으로 드리는 사람들이 있다. 이것을 보고 그분은 아이디어를 얻었다고 한다. 졸업하고 사역의 첫 시간을 그렇게 귀하게 사용하고 싶었다고 한다. 결국 자매는 학교를 졸업한 직후 인도에서 2년간 단기사역자로 헌신했다.

짧은 만남이었지만 나에게는 큰 도전이 되었다. 하나님을 위해 처음 것을 드리겠다는 그 순수한 마음이 귀하게 느껴졌다. 그분은 함께 다니는 동안 더운 날씨로 땀을 많이 흘렸다. 그래도 인생의 첫 부분을 주님께 드리고자 하는 순수한 마음과 열정이 있기에 힘들어하지 않고 오히려 우리 팀원들을 격려해 주었다. 우리 일행을 안내하기에 넉넉할 만큼 현지어 구사능력도 뛰어났다. 하나님은 분명히 중심을 보시고 그분의 인생을 하나님이 원하시는 길로 인도해 주실 것이다.

11장 분쟁지역

　　정탐여행을 계획하면서 인도의 최북단에 위치한 잠무카슈미르주(Jammu and Kashmir)에 있는 스리나가르(Srinagar)를 일정에 넣었다. 스리나가르는 잠무카슈미르의 여름 주(州) 수도가 된다. 스리나가르는 지상낙원으로 불릴 정도로 주변 자연환경이 아름답다.

　　스리나가르에 있는 달 호수(Dal Lake)와 호수 주변에 밀집해 있는 하우스 보트 (House Boat)는 이곳만의 특징이자 자랑이다. 높은 히말라야 산맥의 한쪽 계곡에 위치해 여름 휴양지로도 손색이 없다. 이곳은 외부인들이 한 번 오면 자연의 아름다움에 푹 빠져들 정도로 매혹적인 곳이다. 하지만 자연환경과는 달리 이슬람과 힌두교간에 종교분쟁이 끊임없는 지역이기도 하다.

우리 일행이 도착했을 때도 주민들이 데모에 참여하고 있었다. 주둔 군인이 한 대학생을 끌고 가 아무런 이유 없이 총으로 쏴 죽인 것이 데모의 원인이었다. 벌써 4일째 가게문들을 닫고 데모를 하고 있었다. 정부군에 의해서 1989년 이래로 약 25만 명이 죽었고, 20만 명이 수감되어 있다는 현지인들의 주장을 들었다. 정부에 대한 깊은 분노를 표출하는 그들의 이야기를 들으면서 그들이 겪는 고통스러운 삶을 엿볼 수 있었다.

스리나가르에 왜 종교분쟁이 일어나고 있는지,

선교사역 현황은 어떤지,

과거 선교사역 역사는 어떻게 진행되어 왔는지,

현재 사회적인 사정은 어떤가에 대해 관심을 가지고 정탐에 임하다.

왜 분쟁지역이 되었나

분쟁의 땅 스리나가르!

카슈미르 땅에는 1947년 인도가 영국으로부터 독립을 하면서 분쟁이 본격화되었다. 식민통치를 하던 영국이 물러가면서 무슬림이 많은 지역은 파키스탄으로, 힌두교도가 많은 지역은 인도에 속하는 것으로 독립의 큰 원칙을 정했다. 당시 카슈미르 대부분의 사람들이 무슬림들로 이슬람국가로 독립되는 파키스탄에 속하기 원했다.

그런데 독립원칙과는 달리 힌두교도였던 스리나가르 군주는 주민들의 의사와 상관없이 인도에 속하기로 결정을 했다. 주민들은 이 결정에 반대하여 일어났고, 그 후 인도 정부가 스리나가르에 힌두인 중심의 인도군을 파견하자 스리나가르는 분쟁지역으로 떠올랐다.

카슈미르주를 살펴보면, 파키스탄 쪽 땅은 산악지대로 농사 지을 땅이 적어 사람이 살기가 어렵다. 반면 인도 쪽 땅은 산악지대가 있기는 하지만 농사가 가능한 땅이 많아 농업 생산성이 높다. 또한 과일이 많이 생산되고 루비나 사파이어와 같은 값비싼 돌들도 생산된다. 이러한 자연 및 자원 환경, 카슈미르가 차지하고 있는 군사 전략적인 위치 그리고 종교적인 이유들이 복합적으로 뒤섞여 국제분쟁지역이 되었다.

현재는 주민의 99%가 무슬림들이다. 힌두교 국가를 꿈꾸는 인도에 귀속된 스리나가르 주민들은 언젠가 독립국가를 이루거나 혹은 이슬람국가인 파키스탄에 귀속되기 위해 오늘도 인도 정부에 맞서 투쟁하고 있다.

현재 인도 쪽과 파키스탄 쪽 카슈미르주의 전체 인구는 대략 1,250만 명으로 추산된다. 인도 쪽에 1,050만 명이 살고 있고, 여름 수도인 스리나가르에 약 100만 명이 살고 있다.

카슈미르 지역에는 1947년 이래로 인도와 파키스탄 간에 네번의 큰 전쟁을 치렀다. 2004년에 시작된 네 번째 전쟁은 지금도 진행되고 있다. 영국인들이 떠나간 후 카슈미르 지역에는 두 국가 간의 전쟁으로 인해 수많은 사람들이 생명을 잃었다. 우리가 스리나가르에 도착해 현지인 들과 대화를 했을 때도 대부분의 사람들이 전쟁 피해로 인해 마음속에 분노가 깊이 자리 잡고 있었다.

현 지 를   돌 아 보 니

마침 우리 일행은 인도의 독립기념일이 되기 3일 전에 스리나가르에 도착했다. 군인들이 길거리에 쫙 깔려있어 마치 군사계엄령이 내려진 분위기 같았다. 분쟁지역인 만큼 거리마다 위험스런 긴장감이 돌았다. 이런 상황에서도 아름다운 자연환경 때문에 관광객들의 발길이 끊이지 않았다. 아마 테러의 위험이 없고 사회가 안정된다면 더 많은 관광객들이 올 것 같았다.

스리나가르에 있는 달 호수(Dal Lake)는 너무나 아름다운 풍경을 간직하고 있었다. 보트를 타고 호수를 다녀보니 호수 위에서 사는 주민들이 의외로 많았다. 하우스 보트(House Boat)는 주거지뿐만 아니라 상점의 역할도 했다. 호수 주변과 둘러싼 산들을 보니 천지를 창조하신 하나님이 "보시기에 좋았더라"고 하신 말씀이 저절로 생각났다. 언젠가 아름다운 달 호수에서 주민들이 '주 하나님 지으신 모든 세계' 라는 노래를 부르면서 이 세상을 만드신 하나님을 찬양할 수 있는 날이 속히 오기를 기대해 본다.

우리 팀은 달 호수에 있는 하우스 보트에 숙소를 정했다. 숙소 앞에서 배를 타고 세 청년이 낚시를 하고 있었다. 대낮에 한가롭게 낚시를 하고 있는 젊은이들에게 말을 걸어 보았다. 그들은 할 일이 없어 낚시를 하며 지낸다고 했다. 분쟁지역이라는 사회환경 하에서 그들이 미래를 바라보기에 현실은 너무 암울했다.

스리나가르에는 하루 평균 5-7시간 정도 전기가 들어오지 않는다. 겨울에는 더 심하다. 추운 지역에 전기가 들어오지 않으니 그 고통이 이루 말할 수 없다. 전기가 들어오지 않을 때는 변환장치(Inverter)를 이용해 3-4시간 정도 전기를 사용한다. 우리가 머문 하우스 보트에도 낮에는 전기가 들어오지 않고 밤에만 전기가 들어왔다. 대략 오전 6시에 전기가 나가서 오후 7시쯤 되어서야 전기가 들어왔다.

분쟁지역 대부분이 그렇지만 스리나가르도 인권 사각지대였다. 경찰이나 군인들이 시민들을 공개적인 장소에서 때리는 경우가 많다고 한다. 시내에서 조금 떨어진 교외에서 폭력 현장을 나도 직접 목격했다. 군인들이 오고 가는 길목에서 검문을 하는데 운전사를 차에서 내리게 했다. 심한 교통체증을 빚고 있는 상황에서 어느 운전사가 경찰의 지시에 따르지 않은 것 같았다. 경찰은 운전사를 주먹으로 마구 때렸다. 그 장면을 보면서 현지 인권상황이 어떤가를 쉽게 짐작할 수 있었다.

경찰이나 군인들이 시민들을 때리고 심한 몸수색을 해도 '여기는 카슈미르' 라는 한 마디로 다 통한다고 한다. 경찰과 군인들의 압력이 강하다 보니 카슈미르인들은 그들이 믿는 '알라'에 더욱 의지할 수밖에 없다고 한다. 또 그들의 얼굴에는 웃음이 사라져 보였다. 어딘가에 그들의 마음을 나눌 곳을 절실히 찾고 있었다. 아름다운 자연을 가졌지만 실제로 그 아름다움을 느끼지 못하고 있는 그들의 삶이 너무나 안타까웠다.

긴장이 고조되는 카슈미르에서 우연히 결혼식 일부를 볼 수 있었다. 신랑이 차를 타고 신부 집으로 가는 장면이었다. 승용차 뒷좌석에는 신랑과 양옆에 부모로 보이는 사람이 앉아 있었다. 차가 지나갈 즈음에 동네 많은 무슬림 여성들이 나와 환호성과 춤을 추며 축하해 주었다. 동네 아

1. 스리나가르에 있는 달 호수, 호수 위에 떠있는 하우스 보트는 주거지와 상점의 역할을 한다.
2. 달 호수에는 보트가 교통수단이다. 이곳에 머무는 동안 동력 보트는 거의 보지 못했다.
3. 신랑을 태운 차가 지나갈 때 마을 사람들, 특히 여성들이 길거리에 나와 노래를 부르면서 결혼을 축하해 주었다.

이들도 함께 나와 소리를 지르면서 축하객이 되었다. 암울한 분쟁의 현장이지만 결혼식만큼은 온 동네 주민들이 함께 누리는 축제였다.

스리나가르에 사는 주민들은 인도 군인들의 통제 하에 심하게 자유를 제한받고 있었다. 소가 고삐를 맬 때는 저항하다가 일단 고삐를 매면 고삐에 매인 채로 따라다니는 것처럼 이들은 자유를 가질 수 있다 해도 실제 현실 체제에 순응하면서 사는 것처럼 보였다. 도시 곳곳에 설치된 검문소를 지나면서 생각이 많아졌다. 스리나가르에 사는 사람들이 진정한 자유를 언제쯤 누릴 수 있을지…

그 게   주 소 야 ?

스리나가르에는 주소가 특이했다. 일반적으로 주소에 있는 집 번호가 없이 길 이름과 사람 이름으로만 우편물 배달이 된다는 것이다. 현지인에게 들은 주소의 예이다.

Mr. Mohd Ashraf(이름) Khan(성)

Near to Moseque

Chanda Pora(길 이름) Haba Kadal(마을이름)

Srinagar, Kashmir

India

이 주소를 보면 모스크 옆에 있는 Khan씨 집으로 우편물이 배달되는 것이다. 도시 내 큰 건물 옆에 사는 아무개 댁으로 우편물을 보낸다는 식이다. 이런 주소가 아주 편리하단다. 그리고 집배원은 거의 모든 사람들 이름을 알고 있어서 큰 문제가 없단다.

외국인의 경우에는 집배원이 이름을 몰라 우편물 받기가 어렵다. 외국인이 우편물을 받기 위해서는 우체국 내 P. O. Box를 열어야 한다. P. O. Box도 빈자리가 있고 거주증이 있어야 가질 수 있다.

현지에서 사역하는 외국인들 경우에 P. O. Box를 가진 분들이 드물었다. 현지 사역자들과 연락하는 분들은 현지의 우편 배달 상황을 이해하는 것이 필요하다. 사역자들의 경우에는 그 환경이 더욱 열악하기 때문이다. 또 무슬림 지역에서 자신들을 공개할 수 없는 것이 그들의 현실이다.

외 국 인 이　본　겨 울 나 기

인도는 워낙 큰 나라이기에 뭐든지 한마디로 설명할 수가 없다. 그 중 인도 소개에 날씨가 빠질 수 없다. 인도 남부지역에는 더워도 북쪽 카슈미르 지역에는 혹한의 추위로 고생을 겪는다. 물자가 풍부하지 않고, 전기라도 끊어지면 추운 지역에서는 더 큰 추위를 겪게 된다.

얼마나 겨울나기가 어려웠던지 현지에서 만난 분은 자신이 겪었던 겨울나기 경험을 열심히 설명해 주었다. 무엇보다 외국인으로서 겪는 어려움은 더 크다고 한다. 현지인들에 비해 현지 적응능력이 떨어지고 경험이 부족하기 때문이다. 그분은 자신이 외국인으로서 현지에서 경험했던 겨울을 이렇게 설명했다.

> 눈이 많이 올 때는 최고 4m까지 온다.
>
> 먹을 것을 구하지 못해 군 헬기에서 식량을 떨어뜨려 주기도 했다.
>
> 바깥출입이 어려워 사역이 거의 불가능했다.
>
> 창고에 감자, 양파, 설탕, 쌀만 준비돼도 살만하다.
>
> 전기가 하루에 평균 6시간 정도밖에 들어오지 않는다. 등등…

그분의 이야기만으로도 스리나가르에서의 겨울나기가 얼마나 고통스러운지 상상할 수 있었다. 이런 환경에서도 카슈미르인들은 그들 나름대로 겨울나기 노하우가 있었다. 그들은 추운 겨울을 이겨내기 위해 독특한 난로를 가슴에 안고 지낸다. 그 난로를 안고 잠을 자기도 한단다. 화재의 위험성이 커 보이지만 그 난로로 인해 겨울을 잘 날 수 있다고 한다.

스리나가르에는 2003년에 인도와 파키스탄이 평화협정을 맺으면서 복음 사역자들이 들어올 수 있게 되었다. 현재는 5개 기관에서 파송된 외국인 사역자들이 사역을 하고 있다. 특히 스리나가르에 머물고 있

현지인들이 겨울을 날 때 사용하는 난로

는 사역자들의 겨울나기를 위해 기도가 절실하다. 어떤 단체는 겨울에 그 지역을 떠나 다른 지역에서 지내도록 배려해 주기도 한다. 그러나 그렇지 못한 경우도 있다. 겨울에도 다른 지역으로 떠날 수 없어 그곳에 계속 머물러야 하는 사역자 가족들도 많다.

깨 어 지 고   상 처   난   가 정 들

카슈미르 지역에서 파키스탄과 인도간의 전쟁은 평화롭던 가정들에 큰 상처를 남겼다. 거의 대부분의 가정들이 전쟁의 비극에서 자유롭지 않았다. 가족의 실종과 사망으로 인해 각 가정마다 분노와 슬픔을 가슴에 안고 살아가고 있었다. 내가 만났던 현지인은 여성의 3/4 정도가 아들 혹은 남편을 잃었다고 주장했다. 겉으로는 평화스럽고 좋아 보이지만, 그곳은 실제 이루 말할 수 없는 아픔의 현장이었다.

현지에서 만난 한 형제는 자기 가족 이야기를 해 주었다. 삼촌과 함께 20살과 17살 된 남매가 2003년도에 살해당했다고 한다. 당시 삼촌은 정치적으로 정당에 참여하고 있었는데, 어느 날 집 문 앞에서 신문을 읽고 있다가 군인에 의해서 살해당한 것이다.

전쟁과 수시로 일어나는 테러 때문에 사람들은 집단 히스테리 증세를 앓고 있는 것 같았다. 언제 죽을 지 모르는 불안감을 가지고 하루하루를 살아가고 있기 때문이다.

상처 난 현지인들의 마음을 누가 어루만져 줄 수 있을까? 그들이 믿는 알라가 위로할 수 있을까? 진정으로 상처를 치료하고 싸매어 줄 분을 그들이 만나야 한다. 분노가 깊어지고 아무런 희망이 없어 보이는 그들에게 그리스도의 복음과 사랑이야말로 진정한 해답일텐데 말이다.

"십자가의 도가 멸망하는 자들에게는 미련한 것이요 구원을 받는 우리에게는 하나님의 능력이라"(고전 1:18).

끊 임 없 는   테 러

분쟁지역으로 알려진 카슈미르에는 크고 작은 테러가 계속되고 있었다. 카슈미르는 낮에는 인도 군인들이, 밤에는 주변 국가에서 온 용병들이 경계를 선다고 한다. 인도 군인들과 주민들은 서로 변호할만한 주장이 있지만 의견 차이를 좁히지 못하고 있다.

우리 팀원들이 현지에 도착하기 2개월 전에 인도인 관광객을 싣고 가던 버스에 총격이 가해져 8명이 죽는 사건이 있었다고 한다. 범인들은 카슈미르, 파키스탄, 아프가니스탄 그리고 아랍국에서 용병으로 고용된 사람들로 밝혀졌다. 이렇게 밤 시간은 용병들의 활동시간이다. 이들은 매우 난폭하고 무자비해서 이들에 의한 테러가 빈번하게 발생한다고 한다.

군에도 입대할 수 없는 카슈미르 주민들은 바깥의 지원에 힘입어 인도 정부와 힘겨운 투쟁을 계속하고 있다. 인도 군인들은 카슈미르 민병대를 폭도로 생각해 잔인하게 다룬다. 이에 카슈미르 주민들은 인도 군인들이 이유 없이 때리는 일이 다반사라 자위차원에서 대항한다는 것이다.

우리 팀원들이 스리나가르에 도착한 날 밤에는 논에서 일하던 두 부녀가 군인들에 의해 살해를 당했다는 소식을 들었다. 팀원들의 숙소에도 긴장감이 돌았다. 현지에는 대략 3일에 한 번꼴로 폭발사건이 일어난다고 한다. 이제 3일 후면 8월 15일 인도의 독립기념일이다. 독립기념일이라면 온 나라의 축제일테지만 카슈미르는 달랐다. 독립기념일을 전

후해 일어날지도 모를 만일의 사태에 대비해 인도 군인들이 각 거리마다
철통같이 경계를 서고 있었다.

도착 다음 날 저녁시간에 민병대가 던진 폭발물에 의해 군인을
포함해 민간인 일곱 명이 죽었다. 폭발물에 의한 공격이 자주 일어나다 보
니 노이로제에 걸릴 정도로 온 주민들과 군인들이 신경을 곤두세우고 있
었다. 우리 팀원들도 마찬가지였다.

민병대에는 십대 혹은 이십대의 젊은이들, 그리고 남녀, 심지
어 아이들까지 포함되어 있어 갑자기 어떤 일이 일어날지 예측이 불가능
하다. 카슈미르에서는 민병대로 활동하면서 폭발물을 터뜨린 사람을 순

인도 독립기념일을 앞두고 인도 군인들이 주민들을 검문하고 있는 모습

교자로 여겨 그 가정에 경제적인 지원을 해 준다. 이러한 민병대의 주 공격목표는 인도인들과 인도 군인들로 사람이 많이 모인 곳에 공격한다. 서로 간에 불신의 벽이 높은 카슈미르는 테러가 빈번하게 일어날 수밖에 없는 환경으로 전시상황이나 다름없었다.

내 가 너 와 함 께 한 다

우리 팀원들이 스리나가르를 방문하기 1년 전의 일이다. A라는 분이 사역지를 정탐하기 위해 그곳을 방문했다. 그런데 어느 날 자신이 서 있는 곳에서 약 2m 전방에 세워둔 빈차가 폭발했다. 시한폭탄 장치가 폭발한 것이다. 사건 현장에서 6명이 죽고 30여 명이 다쳤다. 당시 사람들은 도망을 쳤는데, A도 현장을 피해 달려가다가 어느 가게에 들어갔다고 한다. 그곳에는 이미 15명 정도의 무슬림 여성들이 벌벌 떨면서 숨어 있었다. 함께 고개를 푹 숙이고 얼마동안 피해 있었다. 이것은 A가 사역준비차 정탐을 왔다가 당한 일이었다. 염려가 되었다. 하나님 사역을 위해 정탐 와서 이런 엄청난 일을 당하다니… 그분은 두렵기도 하고 떨리기도 했다고 한다.

A는 폭탄테러를 당하고도 사역을 위해 다시 그곳을 가야 할까 의문이 들었다. 그래서 A는 기도로 하나님께 물어보았다고 한다. 하나님은 기도 중에 응답해 주시기를 "내가 너와 함께한다"고 말씀하셨다. A는

이 말씀에 큰 힘을 얻고 한 달 후에 가족들과 함께 다시 이곳을 찾게 되었
다고 했다.

　　　A는 델리에서 스리나가르로 사역지를 옮겼다. 수도 델리에서
최북단의 분쟁지역으로 사역지를 옮기는 것은 하나님께 대한 또 다른 헌
신을 했기에 가능했다. 수도권에서 누리는 기득권을 버리고 어려운 환경
으로 삶과 사역의 터전을 옮긴다는 것은 힘든 결정이었다.

　　　스리나가르에 온 지 일 년쯤 지났을 때 A는 또 다른 경험을 했다
고 한다. 길거리를 지나가는데 군인이 외국인인 A에게 여권을 보여 달라
고 했다. 여권을 집에서 가져오지 않았다고 하니 인도 군인이 무작정 때리
더니 그를 경찰서로 데려갔다. 집에다 연락해 가까이서 살고 있는 친분이
있는 미국인이 여권을 가져왔는데도 계속 때렸다고 한다. 상당한 시간이
지난 후에 경찰 책임자가 와서 겨우 경찰서를 빠져 나올 수 있었다고 한다.

　　　또 한 번은 A집에 열 명이 넘는 인도 군인들이 갑자기 들이닥쳐
사업 비자를 갖고 있는 A에게 '왜 이곳에서 살고 있는가?', '왜 수도인 델
리에서 사업을 하지 않고 이곳에 와서 사업을 하는가?' 라고 추궁을 했다
고 한다. 그는 군인들에 둘러 싸여 몹시 두려웠지만 무사히 그 고비를 넘
겼다고 한다.

　　　그는 자녀를 학교에 보낼 형편이 되지 않아 홈스쿨링(Home
Schooling)을 통해 교육을 시키고 있었다. A는 우리 일행과 함께 보내는
짧은 시간을 너무나 기뻐했다. 오랜만에 한국인을 만나 한국말을 하는

것만으로도 행복해 했다. 일 년 전 경험했던 어려움을 지금도 여전히 겪고 있지만 "내가 너와 함께한다"는 하나님의 말씀이 지금도 큰 힘과 의지가 되고 있다고 A는 고백했다.

외 국 인 도   예 외 안 돼

나는 A가 경험한 것을 다른 외국인들도 비슷하게 겪는다는 것을 알았다. 어느 날 B형제는 밤에 지나가는 차를 손을 들어 태워달라고 요청했다고 한다. 차가 섰는데 계급이 높은 군인이 탄 차였다. 그런데 차에서 군인들이 내리더니 B형제를 아무런 설명 없이 마구 때리기 시작했다. 알고 보니 거의 50명 정도의 군인들로부터 집단구타를 당한 것이었다. 겁 없이 군인차를 세웠다는 것이다. B형제는 실컷 두들겨 맞고, 경찰서로 끌려가 그 다음날 풀려났다. B형제는 지금은 웃으면서 그 때 일을 말하지만, 구타당하는 그 순간에는 너무나 무서웠다고 말했다.

또 한 예로 미국에서 단기봉사 팀이 스리나가르를 찾았다. 도시에서 약간 떨어진 마을로 들어가서 성경을 나누어주다가 그만 붙잡혀 끌려간 사건이 있었다. 이슬람 지역인 마을에서 전도하는 사람들을 무슬림이나 인도 군인들이 가만히 내버려둘 리 없다.

외국인들에게 폭행을 가하면 외교문제가 생길 텐데도 그들은 막무가내이다. 상식이 통하지 않는다. 이런 상황에서 자녀를 키우는 외국인 부모들은 아이들을 학교에 보내는 것 자체가 큰 모험이다. 분쟁의 한 가운데서 외국인으로 산다는 것은 그저 조심하면서, 되도록이면 난처한 상황을 만들지 않고 피하는 것이 최선의 길이다.

미국 시민권을 가진 한 여성 사역자를 만났다. 그분은 그 지역에서 거의 10년을 지냈다고 한다. 이제 1-2년 내에 은퇴할 예정이라는 그분은 항상 긴장이 도사리고 있는 곳에서 10년을 지내며 외국인으로 사는 방법을 많이 터득한 것 같았다. 여자의 몸으로 혼자 위험한 지역에서 살아온 그 자체가 존경스러웠다. 우리 팀과 함께 만나 그동안 사역자로서 겪었던 경험들을 이야기해 주었다. 사역을 한다는 자체가 어려운 이슬람지역에서 그분은 사역 열매도 있었다. 우리가 그분의 댁을 방문했을 때 놀랍게도 복음으로 변화된 현지인들 몇 명을 만날 수 있었다.

파스로 일으킨 기적

분쟁지역 내의 서로 다른 이해 당사자가 바로 카슈미르인들과 인도 군인들이다. 이들은 서로 스트레스를 주고받고 있다. 긴장이 강화되면 강화될수록 어려움만 자꾸 가중된다. 이런 어려운 사회환경 속에서 주민들은 어떤 어려움이 닥쳐도 호소할 때가 없다.

어릴 때 교통사고로 인해 팔이 비틀어진 사람이 A에게 찾아와 고쳐달라고 요청을 했다. A는 그 사람의 병이 오래전부터 굳어온 것이기에 도와줄 수 없다고 완곡하게 거절했다. A가 보기에는 불가능한 일을 환자가 떼쓰고 있는 것처럼 보였다. 거절에도 불구하고 그 사람은 A에게 어떤 형태로든 도와달라고 간청했다. 그 사람의 간절한 요청에 A는 할 수 없이 한국에서 가져온 후끈후끈 거리는 파스를 상처에 붙여 주었다. 그리고는 열심히 한국말로 기도해 주었다.

일주일 후 그 환자로부터 비틀렸던 팔이 제대로 돌아오고 팔을 접을 수 있을 정도로 치유되었다는 소식을 들었다. 이 기쁜 소식을 듣고는 A 자신이 더 놀랐다. 불쌍한 영혼들을 위해 하나님께서 파스로 기적을 일으키는 은혜를 베풀어 주신 것이다.

개 인 보 다   가 족

카슈미르에는 공식적으로 300명 정도의 기독교인들이 있다고 한다. 그렇지만 실제로는 150명 정도로 사역자들은 추산했다. 천만 명이 넘는 지역에 300명의 크리스천밖에 없다면 그 지역의 복음화 상황이 어느 정도인가를 추측해 볼 수 있다.

적은 숫자의 크리스천들 대부분은 이슬람에서 기독교로 개종한 사람들이다. 이들은 공식적인 교회보다 지하교회에서 신앙생활을 하고 있다. 카슈미르의 사회상황은 매우 엄격하다. 그렇지만 엄격함 속에 느슨함도 있다. 한 국제단체에서 파송된 사역자는 촘촘히 가려진 사회상황을 뚫고 직접적으로 개인전도를 하기도 했다.

이슬람 지역에서도 개인이 복음을 받아들여 개종할 수 있다. 하지만 개종 사실이 노출되는 순간부터 그는 사회로부터 격리된다. 심지어 집을 빌리기도 어렵다. 그러나 개인이 아닌 가족 전체가 개종을 하게 되면 상황이 달라진다. 가족 간에는 서로 격려하고 도울 수 있는 여유가 있기 때문이다.

이슬람 지역에서 사역을 하시는 분들은 가족에 대한 가치와 가족 단위의 개종 가능성에 관심을 많이 가지고 있다. 한 번 깨어진 가족관계는 이후에 회복이 거의 어렵기 때문이다. 더욱이 신앙 문제로 가족관계가 깨어진 경우라면 회복이 더 어렵다.

춤 추 는 목 사

카슈미르 지역의 개신교 역사는 생각보다 오래 되었다. 스리나가르에서 차로 4-5시간 정도 떨어진 높은 산에 위치한 한 동네를 방문했다. 그곳에는 1,500년대에 모라비안(Moravian) 선교사들이 와서 지었다는 가톨릭 교회가 있었다. 교회는 해발 3,500m 지점에 위치해 있는데, 아마 세계에서 가장 높은 곳에 위치한 교회일 것이다. 교회 모임은 크리스마스 때, 연 1회 예배가 있다고 한다.

옛날 모라비안 선교사들은 선교에는 거의 관심이 없던 교회 현실 속에서 세계선교의 비전을 품은 사람들이었다. 교통수단이 불편했던 500년 전에 말을 타고 높은 산꼭대기 동네까지 복음을 전한 그들의 열정의 흔적을 보면서 감명을 받았다.

스리나가르에는 교회가 두 개 있다. 하나는 가톨릭 교회이고 다른 하나는 모라비안 선교사가 세운 개신교 교회이다. 주일에 우리 일행은 도로 곳곳의 군인들의 경계망을 지나 개신교 교회 예배에 참석했다. 예배를 드리면서 우리는 다양한 상황들을 보았다.

우선 예배 참석자가 뜻밖에도 많았다. 평소 예배에 참석하는 교인들과 외부에서 온 방문자들을 합쳐 대략 150명 정도가 예배를 드렸다. 그날 예배 인원이 많았던 것은 한국에서 온 90여 명의 대학생 중심의 단기봉사 팀이 예배에 참석했기 때문이다. 예배 중 특별했던 것은 국기를 흔들면서 찬양을 하는 것이었다. 방문예배자 90여 명의 우렁찬 특송과 바이올린 연주로 인해 교회 안은 마치 천국을 보는 듯 했다. 인도인 목사님은 너무 감격해 참을 수가 없었던지 계속 국기를 흔들면서 춤을 추었다. 춤추는 목사를 본 회중들도 같이 하나님의 은혜를 경험했다.

목사님은 설교시간 중 오늘 예배는 인도인보다 한국인이 더 많아 한국교회 같다고 말했다. 그러나 한국인들이 계속 기도해 준다면 언젠가 카슈미르인들로 이 교회를 채울 수 있으리라 믿는다고 말씀하셨다. 모든 이들이 아멘으로 화답하며 예배를 통해 큰 은혜와 기쁨을 맛보았다.

그날 한국인들이 예배에 많이 참석한 이유가 있었다. 그들은 원

래 아프가니스탄에서 열리는 '2006 평화축제'에 참석하기 위해 인도에
와 있었다. 그러나 당시 평화축제는 선교단체, 한국 정부 그리고 아프가니
스탄 정부 사이의 안전에 관한 의견 차이로 인해 결국 취소되었다. 인도에
약 300여 명이 축제 참가를 위해 대기 중이다가 행사가 취소되면서 급하
게 사역 내용을 변경했고, 그 중 90여 명의 팀원들이 스리나가르 주변지
역에 와서 사역을 했던 것이다. 그리고 사역 중에 주일예배에 참석한 것이
었다.

그들은 델리에서 잠무(Jammu, 카슈미르의 겨울 주 수도)까지

1. 해발 3500m에 위치한 모라비안 선교사들이 1500년
대에 세웠다는 교회.
2. 스리나가르의 유일한 개신교회 주일예배 모습. 특송 중
현지목사님은 국기를 흔들면서 기쁨의 춤을 추었다.
3. 예배를 마친 후 신발을 잃어버리고 교회 뜰에 서서.

기차를 타고, 스리나가르까지는 버스를 타고 왔단다. 그들은 먼 길 스리나가르까지 와 예배에 참석함으로써 현지 개종자들에게 적지 않은 영적 영향을 주었다.

예배를 마치고 우리 일행은 현지에서 사역하는 한 가족을 만났다. 그분은 오랜만에 한국인들을 많이 만나 무척 기뻐했다. 우리는 점심을 하며 좋은 교제시간을 가졌다. 함께 교제하면서 현지 사역자들의 고통과 눈물, 현지인에 대한 사랑, 아픔 등의 간증에 우리는 시간 가는 줄 몰랐다.

주일예배를 큰 은혜 가운데 잘 마친 후, 그만 나는 시험들 일을 만나고 말았다. 예배 후 나와 보니 벗어둔 신발이 없어진 것이다. 현지 목사님과 교인들은 미안한 마음에 신발을 찾으려고 백방으로 애썼지만 허사였다. 숙소에 가면 여유 신발이 있기 때문에 괜찮다고 내가 오히려 그들을 위로했다. 교회 밖에서 바지를 걷고 거의 반바지 차림에 신발을 신지 않은 채로 서 있으니 이 광경을 본 사람들이 어찌된 일이냐고 자꾸 물었다. 한 현지인은 내 신발이 메이커 있는 신발이라 누군가가 가져간 것 같다고 말했다. 그 신발은 한국에서 아시안게임 통역 자원봉사를 하면서 얻은 것이다. 어쩌면 거저 받았으니 거저 준다는 생각이 들기도 했다. 내 신발을 가져간 사람이 누구인지는 모르지만 신발 뿐 아니라 예수님의 사랑도 함께 가져갔으면 좋겠다고 생각했다.

축 제 날   슬 픔 에   잠 겨

스리나가르를 떠나기 전날 저녁 현지에서 만난 사역자가 우리 팀원들을 위해 저녁식사를 대접했다. 현지 사정에 맞추어 만든 한국음식이었다. 일행은 사역자의 정성과 사랑이 담긴 특별한 식사시간을 가졌다. 우리 모두는 바닥에 깐 비닐을 밥상 삼아 음식을 먹었다.

다음 날인 8월 15일은 인도 독립기념일이다. 우리가 스리나가르를 방문한 때는 정치적으로 매우 민감한 시기였는데, 독립기념일에 현지를 떠나게 된 것이다. 우리는 분쟁지역의 정치상황을 잘 이해하지 못한 채, 사역자 가족과 다음 날 아침에 다시 만나기로 약속을 했다.

아침에 전 시가지가 인도 군인들에 의해서 공항 가는 길만 제외하고 완전히 봉쇄되었다. 어제 만난 사역자에게 전화를 하니 집 주변이 완전히 차단돼 오후 1시까지는 나올 수 없다고 했다. 왜냐하면 그분의 집 입구에 정당사무소가 있어서 군인들이 주변 주민들을 전혀 집에서 나올 수 없도록 한 것이다. 당일에 우리를 안내하는 분도 집에서 5분 거리만 차를 타고, 나머지는 숙소까지 계속 검문을 받으면서 걸어왔다고 했다.

인도 정부는 오전에 독립기념식을 갖고, 그후에는 다채로운 행사를 통해 축제를 진행했다. 오후 1시까지 거리를 철저히 통제한 것은 그 시간이 바로 축제가 마치는 시간이기 때문이다. 독립기념일인데 신문도 발행하지 않았다. 한편에서는 축제를 벌이면서 다른 한편에서는 계엄 상황처럼 도시 전체를 통제하면서 테러를 걱정하는 곳이 바로 분쟁지역 스리나가르였다.

축제일에 스리나가르 주민들은 슬픔에 잠겨 있었다. 어제만 해도 거리를 마음대로 다니던 차와 사람들이 갇혀서, 인적이 드문 곳이 되었다. 독립기념일, 인도 정부는 카슈미르인들이 진짜 독립운동을 할까봐 두려워하는 것이 아닐까? 생각이 들었다.

공 항 가 는 길

우리 일행이 머물렀던 숙소에서 공항까지는 약 18km 정도 되는 거리이다. 우리가 도시를 떠나는 당일에 이미 말한 대로 공항 가는 길만 유일하게 열렸다. 비행기 출발 약 4시간 전에 공항으로 출발했다. 일단 거리에 나와 보니 민간인들이 아주 드물게 보였다. 거리에는 거의 군인들만 보였다. 전 시내가 요새화되어 길목마다 검문소와 군인초소들이 있었다. 차들이 없는 상태에서 군인들이 쫙 깔려있는 모습을 보니 계엄령이 내려진 상황과 거의 다를 바가 없었다.

가게들도 독립기념일 행사가 끝나는 오후 1시가 돼야 열 수가 있었다. 놀라운 것은 핸드폰도 오후 1시가 지나야 사용이 가능했다. 공항까지 가면서 아주 드물게 지나가는 차들을 보았다. 숙소에서 공항까지 가는 데 7번 검문소를 통과했다. 공항 입구에서 설치된, 화물 엑스레이 통과부터 비행기 탑승까지 또 다른 7번의 검문 검색을 받았다. 공항 입구에서

비행기까지는 아무리 멀어도 100m 밖에 안 되는데, 탑승객들이 거쳐야
할 과정은 너무 많았다.

공항 내 승객 대기실에서 비행기를 타기 전 스리나가르 비행장
주변을 살펴보았다. 군인 막사가 많이 보였다. 비행장에서 조금 떨어진 곳
에 무장군인들이 배치되어 있었다. 민간 비행장인지 군용 비행장인지 구
분이 안 될 정도로 무장군인들이 많았다. 승객들은 비행기 근처에 무장군
인들이 경계를 서 있는 상태에서 탑승을 해야 했다.

우리 일행은 숙소를 출발해 삼엄한 도로를 지나 공항 내에서 복
잡한 검색 절차를 다 통과한 다음 겨우 비행기에 오르게 되었다. 비행기 내
에서 밖을 내다보니 거의 전쟁터를 빠져 나가는 것과 같은 복잡한 마음이
었다.

12 장 오아시스

분쟁의 땅, 스리나가르를 떠나 델리에서 2박을 하고 인도 남부의 정보기술(Information Technology) 중심도시인 벵갈루루(Bangalore)로 갔다. 벌써 인도에 온 지 12일 차가 되었다. 스리나가르에서 계엄 상황과 같은 긴장 속에서 며칠을 보낸 직후라 델리와 벵가루루에서는 전혀 다른 사회 분위기에 편암함을 느꼈다. 해발 900m에 위치한 이 도시는 무더위로 쩔쩔매던 델리의 날씨와는 비교가 안 될 정도로 서늘해 초가을과 같았다.

벵갈루루 공항이 크지는 않지만 매우 분주한 공항임을 금방 알 수 있었다. 공항을 빠져 나오면서 주변 사람들을 보니 이전에 다른 도시에서 보았던 사람들의 분위기와는 사뭇 달랐다. 청바지 혹은 캐주얼한 옷을 입은 젊은이들이 많았다. 이 도시는 최첨단 컴퓨터산업, 우주항공, 경영 분야 등으로 인도 내에서도 뛰어남을 자랑한다.

벵갈루루는 인도의 명암을 보여주는 샘플 도시처럼 보였다. 첨단 산업을 자랑하지만 여전히 구걸과 노숙으로 살아가는 사람들이 자주 눈에 띄었다. 사회의 양극화 현상이 두드러져 보였다. 가난한 사람들도 너무 많아 정부가 방치한 느낌이 들 정도였다.

인도에서 가장 큰 정부건물 중 하나로 알려진 주청사를 지나면서 인도인들의 선거와 관련된 이야기를 들었다. 인도는 문맹률이 50%가 넘어서, 선거는 주로 인물보다 정당을 보고 찍는다는 것이다. 그러한 것을 가능하게 하는 것이 각 당은 코끼리나 원숭이 같이 누구든지 잘 알 수 있는 상징적인 동물을 로고로 사용하여 각 당을 알린다. 그렇게 선거 방법을 듣고 보니 인도의 독특한 문화를 이해할 수 있었다. 어디든지 나름대로 생존 방법을 찾는 것이다. 문맹률이 높기는 하지만 사회를 움직이는 그들만의 비법이 있었다.

벵갈루루는 인도 내에서도 몇 안 되는 기독교인이 많은 지역이다. 어쩌면 이번 정탐여행 중 사막을 지나다 오아시스를 만난 것 같았다. 이 도시에는 극동방동, OM(Operation Mobilization) 국제선교회가 운영하는 서점, 신학교, 침례병원, 그리고 여러 선교단체들이 있어 기독교 환경을 가까이서 접할 수 있었다. 한인 사역자들도 타 지역에 비하면 상대적으로 많았다. 그러나 벵갈루루에서 조금만 외지로 나가도 힌두교의 영향권이다. 벵갈루루가 이런 지리적 조건을 넘어 인도 선교를 위한 전진기지 역할을 감당할 수 있기를 바란다.

열 정 적 인   박 수 부 대

벵갈루루에서 한 신학교를 방문했다. 신학교는 대략 50여 명의 학생들이 공부하고 있었다. 방문한 시간 중 신학생들과 함께 예배를 드리고 학교를 소개받았다. 먼 지방에서 온 가난한 학생들이 대부분이라, 학교에서 장학금을 주면서 거의 인재를 기르는 상황이었다.

한 교수를 만났다. 그분은 주중에는 신학교에서 가르치고 한 달에 한 번 정도는 벵갈루루에서 거의 6시간 이상 떨어진 사가(Sagar)라는 지역에서 설교를 한다고 했다. 설교하는 교회는 그 교수의 가족들이 복음을 받아들여 고향에 세운 교회였다.

우리 일행은 그 교수의 고향 교회를 방문했다. 그곳까지 가는 도로에는 거의 중앙선이 없었다. 여행 도중 길가에 자리를 깔고 준비해간 점심을 먹었다. 한국에서 어릴 적 경험했던 시골 풍경을 보는 듯 했다.

도착한 교회의 이름은 'Maranatta Prayer Hall Church'로 순복음 계통의 교회였다. 목적지에 도착하니 늦은 저녁이었다. 마침 그날 밤에 기도회 시간이 있었는데, 저녁 7시부터 시작된 기도회가 거의 밤 10시가 되어서야 마쳤다. 기도회에서 우리 일행 중 한 명이 간증을 하기도 했다. 무엇보다 그날 참석자들의 찬송 열기가 정말 뜨거웠다. 교인들은 피곤한 기색도 없이 기도와 찬송을 했는데 박수치는 열정이 대단했다. 박수를 그냥 치는 것이 아니라 빠른 속도로 크게 소리를 내면서 쳤다. 거의 2-3시간을 그렇게 하니 손바닥에서 불이 나는 것 같았다.

하루 종일 농사 일을 하느라 수고가 많았지만, 그들은 그날 밤 기도회에 와서 하나님과의 만남을 통해 큰 기쁨을 누렸다. 전형적인 힌두 지역에 이렇게 교회가 세워진 것이 놀라웠다. 교회는 교수님 형제들이 예배를 드리는 가정교회로 처음 시작됐다고 한다. 후에 그 형제들이 땅을 하나님께 드리고, 성도들이 함께 교회 건물을 지었다. 교회는 성도들의 땀과 눈물 그리고 희생의 결과로 세워졌다.

교회 옆에 교수님 댁이 있어 그 집에서 하룻밤을 머물렀다. 그 집은 낮은 촉수의 전등불과 나무로 불을 때서 밥을 짓는 나름의 운치를 느낄 수 있었다. 교수님 가족들은 우리 일행을 환영해 주었다. 잠자리로 여러 방을 제안했지만 우리 일행 4명은 한 방에서 함께 지내기로 했다. 그날 밤 우리는, 어릴 때 온 식구가 한 방에서 지내며 가족의 우애를 다지고 서로 토닥이던 그 시절로 돌아간 것 같았다.

다음 날은 주일이었다. 뜨거운 예배 열기는 전날과 비슷했다. 다른 점은 어제보다 사람들이 더 많아 50여 명 정도의 성도가 참석했고, 예배의 형식을 갖추었다는 것이다. 그날도 전날과 같이 열심히 찬송하고 기도했다. 예배를 마친 후 떠나기에 앞서 우리는 처음 가정교회로 시작했던 가정을 방문했다. 그곳 사가 지역에 처음 복음이 들어가 그곳 사람들에 의해 자체적으로 세워진 소중한 복음의 열매를 눈으로 확인할 수 있었다.

팬 케 이 크(Pancake) 원 리

벵갈루루를 방문하면서 색다른 축복을 누렸다. 그것은 미국남침례교단내 국제선교부가 전 세계를 상대로 중점 사역하는 '교회개척배가운동'에 관한 책[14]을 저술한 저자와 역자를 한 장소에서 만난 것이다. 감사하게도 저자는 자신의 경험을 중심으로 사역 내용을 설명해 주었다.

저자는 하나님 사역의 기본은 말씀 중심이어야 하고 재생산이 가능해야 한다고 강조했다. 그것은 바로 우리 자신들 속에 하나님의 영광을 열망하는 소망을 가지고 시작해야 하는 것이며, 그렇게 할 때 말씀이 기본이 되어 불신자들도 예수 그리스도의 주되심을 깨닫게 된다는 것이다. 그러면 복음을 받아들인 사람은 당연히 또 다른 불신자들에게 복음을 나누게 되고 영적 재생산이 이루어지는 것이다.

저자는 약 2년 전에 처음 사역을 자기 가정에서 시작했다고 한다. 가정교회 사역을 시작한 지 일 년 후에는 24개 가정교회가 생겨났다고 한다. 2년 후에는 교회가 167개로 확장되었다. 교회의 숫자가 급속도로 늘어나자 누군가가 이끌지 않아도 자연스럽게 교회가 늘어갔다. 교회마다 평균 교인 수는 25-40명 정도로, 인도인들의 특성을 고려해 주로 가

---

14 책 제목은 「Church Planting Movements: How God is Redeeming a Lost World」로 David Garrison 이 저자이다. 이 책은 '하나님의 교회개척 배가운동' (요단)으로 이명준에 의해 번역되었다. 미국남침례교단 국제선교부는 Church Planting Movements (일명 CPM사역)를 통해 선교지에서 가정교회를 세우는 데 중점적으로 사역하고 있다.

족 혹은 마을 단위로 교회가 세워졌다.

저자는 가정교회가 모일 때 음식을 나누는 것 보다 복음을 나누는 일에 중점을 두고 사역했다고 한다. 그것이 바로 팬케이크 원리를 적용한 것이었다. 팬케이크에 시럽을 부으면 시럽이 빵에 자연스럽게 골고루 스며들게 된다. 이것처럼 'Church Planting Movements'를 통해 복음이 불신자들에게 자연스럽게 스며들도록 하는 것이다.

그는 자신의 책 내용과 사역을 소개하면서 크게 강조한 것이 있었다. 그것은 복음을 나누는 데 두려워하지 말라는 것이다. 다른 종교에 의해서 크게 억압이 있는 장소라 할지라도 복음이 결코 굴복될 정도로 약하지 않다는 것을 주장했다. 복음을 나눌 때 역사하시는 하나님의 능력을 더 크게 기대하라는 것이다.

실제 인도 내 이슬람 지역에서 사역하는 분이 자신의 신분을 밝히고 현지 사역을 했던 실례도 들려 주었다. 그분도 처음에 자신을 노출시킬 때 많이 두려웠다고 한다. 그러나 의외로 현지인들이 그것에 대해서 크게 반발하지 않음을 알게 되었다. 그 후부터는 담대하게 자신을 나타낼 수 있었고, 하나님의 인도하심을 깨닫고 나니 더 담대해졌다고 한다. 사역을 통해 현지인들을 만나고, 그들에게 능력 있는 복음을 전함으로 복음이 그들에게 스며들도록 할 때 영적 열매를 맺을 가능성이 더 커질 것이다.

한 알 의   밀 알

벵갈루루에서 거의 40여 년 전에 세워진 침례병원(Baptist Hospital)을 방문했다. 이 병원은 1960년대에 인도를 방문한 한 미국인 의사와 남침례교단의 국제선교부가 협력해 세웠다. 병원 설립에 주도적인 역할을 했던 의사는 거의 30년을 이 병원에서 봉사했다고 한다.

현재 이 병원은 종합병원으로 인도인들에 의해서 운영되고 있다. 해외에서 파송된 사역자들은 병원 운영을 위한 이사회에 멤버로 활동하고 있다. 병원장을 만나 병원에 대한 간단한 소개를 듣고 병원을 돌아보았다. 병원은 수익을 남기기보다 수익의 대부분을 어려운 환자들을 위해 사용하고 있다고 했다. 병원을 설립할 당시에는 외국인들의 도움을 많이 받았지만 이제는 최소한의 도움 관계를 유지하면서 자체적으로 병원을 운영하고 있었다.

제3세계에 의료선교를 위해 병원을 설립하면, 가장 어려운 점이 언제 자립을 할 수 있느냐는 것이다. 다행히 이 병원은 거의 자립이 되고 사역자들이 크게 관여하지 않아도 될 정도가 되었다. 이것은 한 미국인 의사가 인도인들을 가슴에 품고 그들을 위해 수십 년간 헌신한 결과인 것이다. 이제 그분의 희생은 바로 한 알의 밀알로 인도인들 곁에 있는 것이다.

병원 내 구내식당에서 점심식사를 했다. 의사, 간호사 그리고 병원 직원들이 이용하는 식당이다. 인도인들은 식사 시 손을 이용해 식사를 한다. 우리 일행 중 몇 분에게는 식당에서 포크를 주었지만 현지인들처

병원에서 현지인들처럼 직접 손으로 식사를 했다.

럼 손으로 식사를 했다. 쉽지는 않았다. 익숙지 않은 솜씨로 엉성하게 식

사를 한 것 같았다. 열심히 먹기는 먹었지만 옆 테이블에서 식사하고 있는

인도인들과는 그 모습이 사뭇 달랐다.

3 년 에   한   번   머 리   깎 기

힌두교도 여성들은 매 3년마다 힌두 템플에 가서 머리를 깎는

다. 머리는 템플의 사제에 의해 템플 옆에 있는 지정된 장소에서 깎는다.

왜 템플에 가서 머리를 깎을까? 힌두교도 여성들은 머리를 생명과 같이 중

요하게 여긴다. 그래서 그렇게 중요한 머리를 드림으로 자신의 헌신을 표현하는 것이다.

인도에 미용사역을 위해 단기봉사 팀을 파송한다면, 성인 힌두여성들의 머리는 깎아 주려고 해서는 안 된다. 그러나 재미있는 것은 생명처럼 소중하게 여기는 그녀들의 머리를 처리하는 방법이다. 일부에서는 깎은 머리를 사제 혹은 템플 측에서 다 모았다가 가발업자에게 판다고 한다.

힌두여성들의 머리 깎는 이야기를 들으면서 엉뚱한 질문들이 생각났다.

힌두남성들도 템플에서 머리를 깎을까?

힌두여성들이 템플에서 깎은 머리를 어떻게 처리하는지 알고 있을까?

3년 동안 머리를 기르는 것이 너무 큰 수고라고 생각지는 않을까?

여성들이 머리를 잘 다듬어서 멋을 내고 싶을 때는 어떻게 할까?

현 지 사 역 자 눈 에 비 친 단 기 봉 사 팀

델리와 벵갈루루 지역에서 사역하는 분들과 함께 단기봉사 사역에 대한 대화를 나누었다. 요즈음 인도는 한국에서 단기봉사 팀들 사역지로 많은 교회와 성도들의 주목을 받고 있다. 대화 중에 나누었던 단기봉사 팀에 관한 몇가지 내용이다.

현지인들과 함께 드리는 주일예배에 방문자들 중 여성들은 치마입는 것을 가급적이면 피해야 한다. 인도 여성들은 종아리를 보이지 않는다. 그들의 전통 옷인 사리(Sari)를 보면 금방 알 수 있다. 인도인들은 여성의 종아리는 섹시함의 상징으로 여긴다. 그래서 인도 여성들은 종아리 보이는 것을 수치스럽게 여긴다. 타인에게 가슴을 보이는 것은 큰 문제가 되지 않지만 종아리를 보일 수는 없다고 생각한다.

인도사람들은 거의 반바지를 입지 않는다. 날씨가 섭씨 40도를 오르내려도 짧은 바지를 입은 사람들을 거의 찾아 볼 수 없다. 힌두인들 중에서 몇몇 종족들은 무릎이 보일 정도의 반바지를 입기도 하지만 매우 드문 일이다. 이런 문화적인 상황을 고려하지 못하고 짧은 치마를 입거나 반바지를 입으면 인도인들이 어떻게 느낄까? 현지에서 사역하는 분도 한국에서는 반바지를 입었지만 인도에서 사역해 보니 현지인들의 정서를 고려해 가능하면 반바지를 입지 않는다고 한다.

현지 사역자 중 한 분은 단기봉사를 가는 직원에게 유급휴가를 주는 한국의 한 사업체를 이야기했다. 그 사업체는 경기도에 있는 한 미용실이었다. 그 미용실 사장은 직원이 단기봉사를 가겠다면 유급휴가를 줘서 사역에 참여하도록 격려한단다. 크리스천 사업가들 중에서 이런 생각을 가지고 실천하는 분들이 많이 나왔으면 좋겠다. 직원들이 사업주의 격려 속에 단기봉사를 갔다오면 더 신나서 열심히 일하지 않을까?

여행지에서 만난 티베트 사람

스리나가르에 있는 티베트 식당을 간 적이 있다. 식사를 하면서 놀란 것은 티베트 음식 맛이 거의 한국 음식과 비슷하다는 것이다. 음식 맛은 비슷한데 음식이 나오는 시간은 상당히 오래 걸렸다. 시간이 오래 걸려도 낯선 땅에서 한국 음식 맛을 느끼니 기분 좋은 식사시간이었다.

벵갈루루에서 모든 일정을 마치고 델리를 거쳐 귀국했다. 우리 일행은 귀국하면서 델리와 미국 공항에서 티베트 사람을 각각 한 사람씩 만났는데 그들에 대해 깊은 인상을 갖게 되었다. 티베트인과 인도는 밀접한 관계를 갖고 있다. 인도 북부에 있는 히마찰 프라데시(Himachal Pradesh)주에 있는 맥그로드 간즈(McLeod Ganj)는 티베트 임시정부가 있으면서 달라이 라마(Dalai Lama)가 머무는 곳이기도 하다. 중국에서 망명 온 티베트인들을 위해 인도 정부가 상당히 배려하고 있음을 알 수 있었다.

델리공항에서 만난 티베트 사람은 초면인 우리 일행에게 말을 걸어왔다. 잘 알아들을 수 없었지만 사람을 잘못 본 것 같다며 말을 하고 지나갔다. 탑승을 위해 기다리는 동안 그 티베트 청년을 다시 만났다. 그 청년은 처음에 우리가 티베트인인줄 알고 말을 걸었다가 나중에 우리가 티벳인이 아닌 것을 알아차린 것이다.

미국에 도착해 입국수속을 마치고 공항을 빠져 나가려고 하는데 어떤 마중객이 우리에게 말을 걸어왔다. 알고 보니 이분은 우리가 인도에서 만난 티베트청년을 마중 나온 또 다른 티베트인이었다.

처음 만난 우리를 보고 말을 걸어온 티베트인들, 그들의 눈에 우리가 티베트인으로 보였던 것이다.

색다른 경험을 하면서 이런 생각을 해 보았다. 그들이 우리를 티베트인처럼 본다면 이 점이 티베트에서 복음 사역을 할 때 크게 도움이 될 수 있을 것이라고. 한국인과 티베트인들이 티베트에서 함께 사역을 위해 협력할 날이 속히 오기를 기대해 본다. 세계 최고 높이 해발 4-5천 미터에 건설된 중국의 칭짱선 일명 '하늘열차'를 타고 크리스천들이 티베트에 가게 된다면, 그래서 서로 간에 비슷한 문화를 나누고 경험하게 된다면, 다른 지역보다 더 각별한 친밀감을 갖게 될 것이다. 이러한 친밀감으로 복음 사역을 할 때 한국인이 티벳인으로 보여지는 이것은 결국 하나님 사역에 큰 유익으로 작용할 것이다.

13 장 Incredible India

델리 국제공항에 도착해 처음 눈에 띄는 글이 있었다. 'Incredible India' 라는 구호였다. 이것은 인도 관광청에서 인도를 소개하기 위해 사용하는 이미지 문구와 같은 것이다. 이 구호를 보면 인도에는 엄청난 것이 있으니 와서 보라고 하는 의미를 전달하려는 것 같다.

사람마다 'Incredible India' 라는 것에 대해서 독특한 해석을 할 수 있다. 우리 팀원들은 매일 일일 사역결산모임을 하면서 나름대로 인도에 대해서 느꼈던 'Incredible things' [15]을 함께 나누었다. 몇 가지만 소개해 본다.

---

15 이것은 낮 시간에 여러 지역을 다니면서 첫 방문자의 입장에서 보고 느꼈던 놀라운 사실들을 나눈 것이다.

도 로 를   달 려 보 니

여러 곳을 다녀보니 교통질서가 말이 아니다. 차들이 무질서하게 달리는 것처럼 보이는데 희한하게도 거의 교통사고를 보지 못했다. 중앙선이 없는 상태에서 서로 마주보고 달리는 현지인들의 운전은 매우 위험해 보였다.

도심지 도로나 고속도로에 소, 돼지, 낙타, 개 등의 동물들이 다녀도 문제가 되지 않는다. 동물들의 천국같이 보인다. 고속도로에서 소떼나 양떼를 몰고 가는 장면을 여러 번 목격했다. 우리가 알고 있는 고속도로 개념이 아니었다. 동물들이 차를 피하지 않기 때문에 오히려 차가 동물들을 피해서 운전한다.

아이들도 소똥이 널려있는 도로에서 놀고 있다. 누구 하나 도로의 동물들에 대해 신경 쓰지 않는다. 왜 도로에 있는 동물들을 쫓아내지

1. 고속도로에서도 동물들이 떼를 지어 다닌다.
2. 힌두교에서는 소가 대접을 받는다. 특히 흰 소가 더 대접을 받는다고 한다.

않을까? 힌두인들은 윤회사상에 의해 나도 언젠가 저 동물들처럼 될 수 있다는 가능성 때문에 동물들을 사람처럼 존중하고 그대로 두는 것이다.

화 장 실 에 서   낮 잠 을

고속도로를 달리다 휴게소에 잠시 멈췄다. 일행 중 한 명이 여자 화장실을 한 번 보라고 권했다. 불가촉천민으로 보이는 여성이 그곳에서 청소를 하고, 사람들에게 구걸을 하고 있었다. 여기까지는 인도에서 보통 있는 일이었다. 그런데 화장실과 세면대 사이에 3-4살로 보이는 아기

고속도로 휴게소 화장실에서 만난 여인. 엄마의 일터인 화장실에서 아이가 낮잠을 자고 있다.

가 바닥에서 잠을 자고 있었다. 차가운 바닥에서 어린아이가 옷 하나만 깔고 낮잠을 자고 있는 것이다.

화장실 청소를 하는 분에게 물어보니 자기 아이라고 했다. 엄마는 화장실 청소를 하면서도 얼굴이 밝았다. 비록 아이가 화장실 바닥에서 잠을 자고는 있었지만 말이다.

도 심 풍 경

도시를 다녀보면 길거리에서 노숙하며 사는 사람들을 흔히 볼 수 있다. 이런 사람들을 볼 때마다 더운 날씨에 어떻게 목욕을 하는가가 궁금했다. 도로를 자세히 보니 도로가에 수도꼭지들이 있었다. 수돗물을 정부가 제공해 가난한 시민들이 샤워를 할 수 있도록 한 것이다.

밤 시간에 델리 시내를 차로 달리면서 좋은 구경거리를 보았다. 곳곳에서 취주악대를 동원해 축제를 펼치고 있었다. 인도는 축제의 나라라고 한다.

서 비 스 업

여행 중 힌두인들과 무슬림들이 운영하는 식당을 몇 번 갔다. 인도에 왔으니 인도 음식을 체험해 보는 것이 좋고 비교적 값도 저렴하기 때문이다. 식당에 갈 때마다 종업원들이 다 남자였다. 웨이트리스는 전혀 보이지 않고 웨이터들만 보였다.

국내선 비행기를 타 보았다. 비행기 안에는 손님들에게 서비스하는 분들이 모두 여성이었다. 왜 기내에는 남자 승무원이 없는지 물어보았다. 신통한 답을 듣지 못했다. 외국인의 눈에는 쉽게 볼 수 있는 것이라도 자국인들은 잘 보지 못할 수도 있겠다는 생각이 들었다.

불 임 수 술

인도에는 개와 관련된 이야기가 많다.

곳곳에서 밤새 잠을 못 자게 할 정도로 개들이 짖어대며 싸운다. 자연히 개들에 대한 경각심을 갖고 살아야 한다. 드물기는 하지만 현지에서 사역하는 분들 중에는 밤에 개들이 어떻게 변할지 몰라 몽둥이를 들고 다니기도 한단다.

인도에서는 개를 잡아먹을 수 없다. 개를 키우는 가정에서는 개를 식구처럼 여겨 죽을 때까지 함께 살고, 길거리에 다니는 개도 함부로 잡지 않는다. 그러나 가끔 어떤 사람들은 개인비용으로 노상에 있는 개들이 더 번식하지 않도록 불임수술을 해 주기도 한단다.

빈 부 격 차

인도는 1960년대와 2000년대가 공존하는 나라이다. 인도는 한 면만으로는 설명할 수가 없는 나라이다. 가난한 사람들이 넘쳐나는가 하면 자체적으로 인공위성을 띄우기도 하고 핵무기를 보유하고 있기도 하다.

구형 핸드폰이 한국에서는 팔리지 않지만 인도에서는 오래된 구형과 최신형이 골고루 다 팔린다. 큰 경제적인 격차로 인해 수요가 다른 계층들이 존재하기 때문이다.

빨 래 널 기

카스트 제도의 나라 인도에서는 청소나 세탁은 불가촉천민들 이 하는 일이다. 그런데 한 남자 사역자가 빨래를 바깥에서 널고 있다가 이 광경을 본 인도 사람들에 의해 우습게 여김을 받았다고 한다. 그것은 그들 의 시각에서 빨래를 너는 사람이 불가촉천민으로 보였기 때문이다.

이 사실을 알게 된 사역자는 집안에서 빨래를 세탁기로 빤 후, 집에서 일하는 사람을 고용해 그 사람을 통해 바깥에 빨래를 널고 거두게 했다고 한다. 왜냐하면 외국인을 불가촉천민으로 여기는 인도인들에게 다가가 전도하기 위해서는 현지 문화를 존중하면서도 카스트 제도를 뛰 어넘는 지혜로운 접근이 필요하기 때문이다.

정탐여행을 마치며

정탐여행을 하게 되면 선교 현장 감각을 키울 수 있다. 현장 감각은 현지에서 사역하는 분들만의 전유물이 아니다. 지역교회의 리더들도 현장에 민감해야 한다. 현장을 가까이 하다 보면 선교적인 눈으로 세상을 바라볼 수밖에 없다. 그리고 어떻게 지역교회가 선교사역을 감당해 나가야 하는지에 대한 답을 얻을 수 있다.

나는 이번 정탐여행을 통해 선교사역과 관련한 이전에 가졌던 많은 질문들에 대해 해답을 얻을 수 있었다. 정탐이 모든 해답을 주는 것은 아니지만, 정탐여행은 선교에 대한 현실 이해와 방향을 깨닫는 데 매우 유익하다. 정탐여행을 진행하면서 나는 선교지가 바로 하늘과 땅이 충돌하는 영적전쟁터임을 온 몸으로 느낄 수 있었다.

하늘과 땅이 충돌하는 영적전쟁터를 돌아보면서 깨달았던 것들이 많지만, 그 중에서 크게 두 가지만 이야기하고 싶다.

안전운행

타문화 권에서의 사역을 운전으로 비유한다면 무엇보다 안전운행을 해야 한다. 그런데 문제는 내가 성장한 환경과는 전혀 다른 곳에서 안전운전이 쉽지 않다는 것이다. 조심해서 운전하는 것 외에 다른 대안이 없을 것 같다. 그래서 내가 현지 환경을 바꿀 수 없다면 나의 마음자세를 더 단단히 할 수밖에 없다.

어느 미국 선교훈련센터를 방문해 보니 한 벽면에 수많은 명패가 있는 것을 보았다. 그 명패는 바로 선교사역을 수행하다 순교한 분들의 이름이었다. 그 단체의 선교역사가 길기는 하지만 생각보다 많은 명패수가 있었다. 그 숫자는 바로 선교 현장의 상황을 간접적으로 말해 주고 있다. 명패가 개개인에 대한 설명을 다 해주지 못해 하늘과 땅이 충돌하는 선교지에서 거룩한 영적전쟁을 수행하는 것이 쉽지 않음을 보여 준다.

정탐여행을 하면서 많지는 않지만 몇 군데는 사역자들이 지내기에 위험한 곳이었다. 본국에서도 위험지역의 정도를 잘 알고 있을 필요가 있다. 위험의 정도에 따라 대처하는 방법도 달라야 하며, 준비와 지원도 전문적이어야 하기 때문이다. 왜냐하면 이것이 생명과 직결되기 때문이다.

정탐여행 중 아프가니스탄에서의 평화행진이 취소되어 대체 사역지로 인도 북부지역에 온 젊은이들을 만났었다. 아프가니스탄에서의 위험을 어느 정도로 그들이 느꼈는지는 모르겠다. 그런데 다음 해에 아프가니스탄에서 단기봉사 팀원들이 탈레반에게 인질로 붙잡혀 2명이 생명을 잃었다. 그때 그 상황은 전 세계적으로 뉴스가 되었다. 선교지에서의 안전문제는 이후에도 계속 일어날 수 있는 문제이다. 그러므로 교회는 이 멈출 수 없는 거룩한 전쟁을 위해, 안전운행을 할 수 있는 섬세한 준비와 피할 길을 마련하는 전문성이 더욱 요구되는 것이다.

10 대 2

모세는 출애굽을 하면서 각 지파에서 한 사람씩 뽑아 12명을 가나안 땅에 정탐을 하게 했다. 그 땅은 하나님이 주신 약속의 땅 즉 젖과 꿀이 흐르는 땅이다. 정탐꾼들은 정탐과정을 통해 현지에서 놀라운 일들을 보았다. 그리고 자신들이 본 그대로를 보고했다.

강한 거주민,

견고한 성읍,

신장이 장대한 자들,

풍성한 먹을거리와 비옥한 땅.

그런데 보고를 하면서 12명이 두 그룹으로 나뉘어졌다. 10명은 '정복 불가능'이라는 부정적인 보고를 했고, 나머지 두 명은 긍정적인 보고를 했다. 결국 선택은 '정복 불가능' 쪽으로 기울었고 백성들은 절망과 슬픔에 잠기게 되었다.

"온 회중이 소리를 높여 부르짖으며 백성이 밤새도록 통곡하였더라"(민 14:1)

이에 반해 소수 보고자인 갈렙과 여호수아는 '정복 가능'이라고 보고했다. 그들은 가나안 땅에 나타난 현실을 본 것이 아니었다. 그들은 그 땅에 역사하시며 이스라엘 백성을 인도하실 하나님의 능력을 본 것이다.

"여호와께서 우리를 기뻐하시면 우리를 그 땅으로 인도하여 들이시고 그 땅을 우리에게 주시리라 이는 과연 젖과 꿀이 흐르는 땅이니라" (민 14:8)

두 보고는 완전히 다른 결과를 낳았다. '정복 가능'을 보고한 자들은 현실을 뛰어 넘어서 하나님의 인도하심을 받아 약속의 땅을 차지하는 주인공이 되었다.

선교정탐여행을 해보면 예상치 못한 일들과 어려움을 많이 볼 수 있다. 그것들을 10명의 정탐꾼의 눈으로 본다면 한없이 부정적일 수밖에 없다. 그러나 나는 '정복 가능'을 외친 두 보고자의 입장에서 선교현장을 보려고 한다. 또 그렇게 모든 성도들이 보기를 권하고 싶다. 왜냐하면 그 땅은 계속해서 하나님의 역사가 놀랍게 일어나야 하는 곳이기 때문이다. 지금도 부르심을 받은 수많은 사역자들이 견고한 진을 파하기 위해 하늘과 땅이 충돌하는 곳에서 거룩한 전쟁을 수행하고 있다.